Orações que Quebram Maldições

bvbooks
BV Films Editora Eireli
Rua Visconde de Itaboraí, 311
Centro | Niterói | RJ | 24.030-090
55 21 2127-2600
www.bvbooks.com.br

Edição publicada sob permissão contratual com Charisma House, Strang Communications Company. Originalmente publicado em inglês com o título de *Prayers That Break Curses.*

Editor Responsável
Claudio Rodrigues

Adaptacão de Capa e Diagramação
Laércio Filho

Tradução
Mitsue Siqueira

RevisãoTextual
Ana Carolina Salerno
Ariana Fátima Baptista
Stella Rosemberg

ECKHARDT, John. *Orações que Quebram Maldições*
Rio de Janeiro: bvbooks, 2019.

ISBN	978-85-61411-68-8
1ª edição	Outubro | 2011
2ª edição	Maio | 2019
Impressão e Acabamento	Promove
Categoria	Oração | Batalha Espiritual

Impresso no Brasil / Printed in Brazil

Orações que Quebram Maldições

John Eckhardt

bvbooks

SUMÁRIO

Introdução

REMIDO DA MALDIÇÃO DE BELIAL

O FRACASSO E A FRUSTRAÇÃO costumam estar presentes em sua vida? A sua vida é caracterizada por contínuas quedas e desgraças? Não importa o que você faça, parece que você não consegue obter as bênçãos do Senhor?

Geralmente, o mais frustrante de tudo isso é o fato de você ser cristão e amar o Senhor. De acordo com Gálatas 3:13, somos remidos da maldição. Em outras palavras, Jesus tornou-Se maldição em nosso lugar. Se isto é verdade, então como pode um fiel ainda estar sob maldição?

Infelizmente, ainda há muitos cristãos vivendo sob maldiçoes, mesmo que tenham legalmente sido remidos delas. Assim como um cristão deve combater o bom combate da fé para ter a cura, ele também deve combater o bom combate da fé contra as maldições.

Muitas maldições que podem afetar a vida de uma pessoa resultam de um dos mais perversos e baixos espíritos do reino da escuridão – o espírito de *Belial*.

Ele é o espírito *dominante* da *perversidade*. Há uma tropa de demônios que operam sob seus comandos, amaldiçoando a vida das pessoas, o que discutiremos neste livro. Belial é mencionado vinte e sete vezes no Antigo Testamento e uma vez no Novo Testamento. Vem da palavra hebraica *beliyaal*, traduzida como "Belial" dezesseis vezes no Antigo Testamento.

Esta palavra também é traduzida em outros versículos como "perverso", "impiedoso" e "desobediente". A definição mais forte para *beliyaal* é "sem valor, inutilidade, destruição, impiedade, maldade, desobediência". A mais comum dessas definições é a de "inutilidade".

A definição no dicionário para "*inutilidade*" é "que não tem valor, imprestável, insignificante, desprezível". *Desprezível* é definido como "que merece desprezo: tão inútil e ofensivo que causa indignação moral".

Portanto, a *obra de Belial* é amaldiçoar os homens e as mulheres, levando-os a cometer pecados vis e desprezíveis. Todo pecado é errado. Eu não desculpo ou permito nenhum deles. No entanto, há alguns pecados mais abomináveis do que outros. Isto é, há diferentes *níveis* de pecado.

Sob a Lei, alguns pecados foram considerados "abominações", puníveis com a morte, enquanto outros exigiam certos sacrifícios. A obra de Belial é atrair uma nação para tais pecados abomináveis, que trarão a maldição e o juízo de Deus.

Quando observo as práticas e pecados que estão acontecendo em nossa nação hoje, eu sei que o espírito de Belial está por trás deles. Belial é tão forte em nosso país, como nas outras nações do mundo. Ele é um líder mundano da impiedade. Jesus nos ensinou a necessidade de amarrar o homem forte para saquear os seus bens (Mt 12:29). As orações deste livro são justamente para fazer isto - conforme você ora, Belial, o líder mundano da impiedade, será amarrado, e sua influência demoníaca sobre você, sua família e sua comunidade será quebrada.

Capítulo 1

Maldições causadas pelo espírito de idolatria

Certos homens, os filhos de Belial, saíram do meio de vós, e retiraram os habitantes da sua cidade, dizendo: Vamos e sirvamos a outros deuses que não conhecestes.

Deuteronômio 13:13

Este versículo é a primeira menção a Belial na Palavra de Deus. O Senhor identifica as pessoas que se encarregam de *afastar Seu povo dele* para servir a outros deuses como "filhos de Belial" na Bíblia. Esta passagem da Escritura segue adiante para descrever as ações deles:

> *Se ouvires dizer em alguma das tuas cidades, que o SENHOR teu Deus te deu, para que habites ali, dizendo: Certos homens, os filhos de Belial, saíram do meio de vós, e retiraram os habitantes da sua cidade, dizendo: Vamos e sirvamos a outros deuses que não conhecestes; e então investigarás, e buscarás e perguntarás diligentemente; e eis que, se for verdade, e for certo que aconteceu essa abominação entre vós; tu*

> *certamente ferirás os habitantes dessa cidade com o fio da espada, destruindo-a completamente, e a tudo o que nela existe, e o seu gado, com o fio da espada. E reunirás todos os seus despojos no meio da sua rua, e queimará com fogo a cidade e todos os seus despojos, para o SENHOR teu Deus, e será um monte para sempre; não será construída novamente. E não pegará nada da coisa amaldiçoada na tua mão, para que o SENHOR possa se afastar do furor de sua ira, e te mostrar misericórdia, e ter compaixão de ti, e te multiplicar, como jurou aos teus pais.*
>
> Deuteronômio 13:12-17

"Filhos de Belial" indica os indivíduos que estão sob o controle de Belial. Eles são usados por Belial para afastar o povo de Deus dele e servir outros deuses. É interessante registrar que a palavra *ídolo* vem do hebreu *eliyl*, que significa "o que não serve para nada, vão, sem valor, o que não é nada". Isto pode ser resumido em uma palavra – *inútil.*

Belial, que significa *inutilidade*, tenta desencaminhar o homem para que ele siga algo que é inútil. Ídolos são inúteis; eles não têm valor e não podem nos satisfazer. Há um princípio do estudo da Bíblia que chamamos de lei da primeira referência. Esta lei diz que qualquer assunto ou qualquer palavra que seja *mencionada primeiramente* na Bíblia revela alguns princípios importantes que serão encontrados de acordo com aquele assunto ou palavra.

O *primeiro princípio* que vemos ligado a Belial é que ele tenta afastar as pessoas da verdadeira adoração a Deus. Sob Belial, estão espíritos que *seduzirão* as pessoas e as afastarão do senhor. Como resultado, os espíritos demoníacos que operam sob a autoridade de Belial infligem as pessoas que se afastaram da proteção de Deus com a escravidão e maldições que levam à destruição.

O apóstolo Paulo profetizava: "Ora, o Espírito expressamente diz que, nos últimos tempos, alguns deixarão a fé, dando ouvidos a espíritos enganadores e a doutrinas de demônios" (1Tm 4:1). *Seduzir* significa "dominar, persuadir à desobediência ou à deslealdade, desviar do caminho pela persuasão ou por falsas esperanças, atrair, incitar". Este versículo retirado da Bíblia diz que "nos últimos tempos, alguns abandonarão a fé". A isto, chamamos *apostasia*.

Na definição do dicionário, *apostasia* é "abandono de uma lealdade prévia, defecção". Acredito que esta é a razão pela qual várias igrejas e algumas denominações têm abandonado a fé. Algumas ainda ordenam homossexuais como ministros. Que abominação! Não há dúvida de que a obra de Belial e de seus espíritos sedutores é a causa para tanta *apostasia*.

ORAÇÕES

CARACTERÍSTICAS DO ESPÍRITO DE BELIAL

Pai, Tua Palavra diz a mim: "Certos homens, os filhos de Belial, saíram do meio de vós, e retiraram os habitantes da sua cidade, dizendo: Vamos e sirvamos a outros deuses que não conhecestes." Tu me instruis: "investigarás, e buscarás e perguntarás diligentemente; e eis que, se for verdade, e for certo que aconteceu essa abominação entre vós" (Dt 13:13-14). Faça de mim uma sentinela junto ao muro para guardar os que conheço e amo deste espírito inútil que os desvia do caminho.

Pai, o espírito de Belial leva as pessoas a serem egoístas e recusarem-se a ajudar ao pobre (Dt 15:9) - até mesmo quando o pobre é um parente! Tu me alertas a não ser assim, e se alguma pessoa que eu me recusei a ajudar disser a Ti que sou ruim, Tu dirás que sou culpado. Proteja-me do espírito de Belial, que faz das pessoas egoístas.

Deus, o espírito de Belial é tão perverso que manda estranhos visitarem Seu povo e depois ordena que eles pervertam homens e mulheres, para satisfazer seu desejo homossexual (Jz 19:22). Mantenha-me sempre em alerta, Senhor, para aqueles que são seduzidos pelas luxúrias homossexuais de Belial. Faça de mim um forte muro de proteção, e de minha casa uma fortaleza bloqueada contra estes espíritos.

Sua Palavra conta a terrível história de um viajante levita que, com sua esposa, passou a noite na casa de um companheiro judeu que vivia em uma cidade habitada por homens que não mais estavam vivendo para Deus, mas que estavam possuídos pelo espírito de Belial. Estes homens cercaram a casa e ordenaram que o levita fosse entregue a eles, para que tivessem relações sexuais. Ao invés de protegê-la, o levita entregou sua própria esposa na porta, e ela foi repetidamente estuprada por esses homens maus, e morreu (veja Juízes 19). Senhor, ensina-me a atentar para o aviso desta história, e nunca me torne tão apático em relação a Ti ao ponto de entregar os membros de minha própria família para o mal. Mantenha-me a salvo na proteção da Tua vontade, para que eu nunca me desvie de Ti e seja vítima ou permita que os meus sejam vítimas do espírito de Belial.

Senhor, quando Ana estava intercedendo por um filho no templo, ela foi confundida com uma filha de Belial por acharem que ela estava bêbada (1Sm 1:12-16). Ajude-me a reconhecer que o espírito de Belial quer tentar me escravizar com alguns pecados viciosos que me aprisionam. Ajude-me a reconhecer estes vícios e a rejeitar qualquer coisa que possa me submeter à escravidão.

Pai, Tu chamaste os filhos de Eli – sacerdotes em Teu templo – filhos de Belial, que estavam vivendo no pecado mesmo enquanto fingiam ser filhos de Deus (1Sm 2:12). Proteja os homens e as mulheres que aceitaram Teu chamado ao ministério, e os defenda dos pecados ocultos que os afastarão de Ti. Quebre o poder do pecado da vida deles, e os faça pastores verdadeiros e honrados, que conduzem Teu povo à justiça.

Pai, como os filhos de Eli, muitos líderes de igrejas e homens de Deus hoje têm se tornado presas para o espírito de Belial e têm acabado falidos, escravos do pecado e indignos de servirem como Teus pastores. Ajude-me a orar e interceder por Teus pastores. Quebre o poder que Belial tem de desviar seus servos. Mantenha-os puros e santos, e irrepreensíveis diante de Deus e das pessoas que estão liderando.

Pai, assim que Samuel ungiu Saul para ser rei, o espírito de Belial imediatamente o atacou lançando dúvidas sobre o povo a respeito da habilidade que Saul teria para liderá-los, e fazendo-os se recusar a honrá-lo com presentes (1Sm 10:27). O espírito de Belial ainda estava agindo, enchendo Saul de dúvida e insegurança sobre suas habilidades. Mesmo quando ele permanecia calado, o espírito começava o seu ataque traiçoeiro contra ele, levando-o a rejeitar a Ti e a falhar miseravelmente na obra para que o chamaste. Fortaleça-me contra Belial quando ele me tentar com a dúvida sobre o Teu chamado, ou quando me tentar a me sentir inadequado ou inepto. Faça-me poderoso através de Teu Espírito e destrua o espírito de Belial em minha vida.

Deus, quando o rei Davi pediu ao rico Nabal para compartilhar alguma comida com ele e seus homens quando passavam por perto, Nabal estava tão cheio do espírito de Belial que se recusou a dar qualquer comida a Davi. Mesmo que Davi e seus homens sempre tivessem tratado os servos de Nabal bondosamente e com respeito, Nabal enviou uma mensagem rude em resposta a Davi, dizendo: "Devo eu, portanto, tomar do meu pão, e da minha água, e da minha carne, que matei para os meus tosquiadores, e dar a homens a quem não sei de onde são?" (1Sm 25:11). Senhor, que eu nunca seja como Nabal! Dê-me um coração generoso e um espírito cheio de Sua misericórdia e compaixão. Quebre o poder de Belial de me tornar um homem como Nabal.

Pai, até mesmo a esposa de Nabal, Abigail, reconheceu o quanto ele estava rendido à escravidão de Belial pelo pecado. Ela generosamente alimentou Davi e seus homens, desculpando-se por seu marido perverso, dizendo: "Sobre mim, meu senhor, sobre mim deixa esta iniquidade estar: e deixa a tua criada, rogo-te, falar ao teu ouvido, e ouve as palavras da tua criada. Rogo-te que o meu senhor não leve em consideração este homem de Belial, a saber, Nabal; pois como é o seu nome, assim é ele: Nabal é o seu nome, e a loucura está com ele; mas eu, tua serva, não vi os jovens do meu senhor, aos quais enviaste" (1Sm 25:24-25). Que eu nunca seja tido como insensato ou como um filho ou filha de Belial. Proteja-me do egoísmo pecaminoso e da mesquinhez. Permita que eu seja como Abigail, e não como Nabal, na maneira de tratar os outros.

Senhor, Tua Palavra ensina que o espírito de Belial pode insinuar-se entre os cristãos e os cegar para o pecado e os desejos do mal. Até mesmo alguns servos de Davi eram filhos de Belial, e Davi teve que repreendê-los por serem gananciosos e incapazes de dividir com os outros os bens que recuperaram (1Sm 30:22). Revele qualquer ganância ou egoísmo que há em meu coração, e afaste o espírito de Belial da minha vida.

Pai, aprendemos com o exemplo de Simei que o espírito de Belial nos fará acusar aos outros dos muitos pecados que nós mesmos cometemos na vida. Simei, um dos parentes de Saul, culpou Davi pela morte de Saul e o acusou de roubar o trono. Este homem estava tão possuído pelo espírito de Belial que não pôde enxergar o Teu plano e o compromisso de Davi com o mesmo (2Sm 16:7). Pai, livra-me da cegueira do espírito de Belial. Revele os meus próprios pecados e maldades, e livra-me de acusar os Teus filhos das tendências ímpias que operam em minha vida.

Pai, Tua Palavra nos ensina a falar firme e continuamente com outro fiel que permita que o espírito de Belial o faça rebelar-se contra Teus servos. Quando Davi reconheceu que um membro da tribo de Benjamim estava iniciando uma rebelião contra ele, ele tomou providências. Ele sabia que o espírito do mal poderia romper os muros espirituais que protegiam a vida dos outros fiéis, levando-os a seguirem o mal com Seba. Ele reuniu seu exército e perseguiu Seba até que tivesse certeza de que ele fora afastado e morto (veja 2 Samuel 20). Dê-me coragem para amaldiçoar o espírito de Belial e destruí-lo de minha vida e da vida de outros fiéis, para que nada possa derrubar os muros de proteção espiritual que cercam nossos corações e nos levar ao mal.

Pai, Davi reconheceu que as ondas do mal do espírito de Belial podem nos dar medo e engolir-nos nas torrentes dos ímpios (2Sm 22:5). Quando eu estiver com medo e em meio a "torrentes dos homens ímpios", ajude-me a ser como Davi e a gritar por Tua ajuda. Proteja-me das opressivas torrentes de Belial.

Pai, ajude-me a reconhecer o poder de Belial e a me armar com a espada do Teu Espírito para lutar contra este espírito do mal. Não posso ser "como espinhos lançados fora", que "não podem ser pegos com mãos". É preciso "estar cercado com ferro e com haste de uma lança", para destruí-los e serem "completamente queimados com fogo no mesmo lugar" (2Sm 23:6-7). Livra-me de tentar encontrar o mal com minhas próprias forças e queime-o de minha vida.

O espírito de Belial é um espírito mentiroso que acusa Teus filhos e realiza planos malignos contra eles para destruí-los e roubar-lhes tudo o que pertence a eles. Isto é revelado na história do plano de Acabe e Jezabel contra Nabote (1Rs 21). Faça de mim um destemido e corajoso servo como Elias, que não teve medo de confrontar estes servos malditos de Belial e de profetizar o julgamento de Deus para eles com uma morte horrível.

Pai, enquanto o malvado Jeroboão e seus seguidores se determinaram a destruir os justos seguidores de Deus, Abias, rei de Judá, o confrontou e declarou, "E, eis que o próprio Deus é conosco por nosso capitão, e os seus sacerdotes com trombetas ressonantes para tocar alarme contra vós. Ó filhos de Israel, não luteis contra o SENHOR Deus dos vossos pais; porque vós não prosperareis" (2Cr 13:12). Com a ajuda de Deus, Abias derrotou Jeroboão e o povo de Israel que havia se rebelado contra Deus para se tornar servo de Belial. Quando Teu povo hoje se rebela contra Ti e serve a Belial, levante homens como Abias que defendam a justiça e a piedade em meio à apatia e ao mal. Faça de mim um Abias, e me prepare para a batalha pela justiça em nosso país.

Senhor, em tempos de doença e cansaço físico, mantenha meus olhos focados em Ti e meu coração forte na fé para que Tu possas me curar. O espírito de Belial tentará me dizer: "Uma doença maligna se apega rapidamente a ele, e agora que deita, não levantará mais" (Sl 41:8). Ajude-me a rejeitar a voz de Belial que sussurra derrota, destruição e morte em meu ouvido. Levante-me na força e na plenitude física pelo Teu poder e bloqueie os insultos de Belial em meus ouvidos.

Senhor, "Não porei coisa maligna diante dos meus olhos. Eu odeio a obra daqueles que se desviam". Não permitirei que o espírito de Belial tome o controle da minha vida, e "Um coração perverso se apartará de mim; eu não conhecerei a pessoa maligna" (Sl 101:3-4). Viverei na pureza e na honra. Ouvirei apenas ao Teu Espírito e não permitirei que o espírito de Belial entre em minha vida.

Senhor, os mentirosos inúteis que têm sido escravizados por Belial andam de um lado a outro dizendo coisas maldosas (Pv 6:12). Não serei um desses mentirosos inúteis. Falarei apenas a Tua verdade e buscarei apenas guiar a outros nos caminhos da justiça.

Senhor, o espírito de Belial destrói o valor piedoso que Tu nos tens dado e nos torna sem valor. Tua Palavra diz: "O homem ímpio cava o mal, e nos seus lábios há um fogo ardente" (Pv 16:27). Que eu nunca me torne sem valor para Ti. Que eu nunca mexa com o fogo de Belial e seja queimado pelo mal. Não permitirei que o espírito de Belial destrua o meu valor para Ti e para outros.

Pai, Tua Palavra diz: "Uma testemunha ímpia escarnece do juízo, e a boca do perverso devora a iniquidade" (Pv 19:28). Ajude-me a reconhecer os ímpios de hoje, que zombam dos princípios de divinos que ergueram esta nação, e tentam convencer aos outros de que a imoralidade é o certo. Desmascare o espírito de Belial nas vozes daqueles que pressionam o mundo pelas práticas e regras imorais, que tentam reduzir os princípios de justiça desta nação e nos levam a cometer atos e ter comportamentos pecaminosos. Corrija os erros que se infiltram em nosso sistema de justiça, nas escolas e governos, e que tentam levar nossa nação a cometer práticas pecaminosas.

Senhor, Tua Palavra diz que os planos do mal que um servo perverso de Belial faz contra Ti e Teus filhos são condenados, não importa quão forte sejam (Na 1:11). Mantenho meus olhos em Ti e não temerei os planos malignos de Belial. Não temerei Belial – mesmo quando seus planos parecerem fortes demais para encarar. Derrotarei o mal pelo Teu poder e pela força do Teu Espírito.

Deus, Tua Palavra diz claramente que as pessoas que não seguem a Ti não têm nada em comum com os Teus seguidores. Tu nos instruíste: "Portanto, saí do meio deles, e separai-vos, diz o Senhor. E não toqueis em coisa imunda, e eu vos receberei; e serei Pai para vós, e vós sereis meus filhos e filhas, diz o Senhor Todo-Poderoso" (2Co 6:17-18). Eu me entrego a Ti, Senhor. O recebo como meu Pai. Não tocarei na imundície de Belial. Viverei apenas para Ti, por todos os dias de minha vida.

Capítulo 2

A Maldição da Sedução de Jezabel

Porém, eu tenho umas poucas coisas contra ti, porque toleras aquela mulher Jezabel, que chama a si mesma de profetisa, a ensinar e a seduzir os meus servos a cometerem fornicação, e a comerem das coisas sacrificadas aos ídolos.

Apocalipse 2:20

Belial trabalha com *o espírito de Jezabel* para seduzir os servos do Senhor à fornicação e à idolatria. Jezabel é um espírito sedutor e pode manifestar-se através de falsos ensinamentos.

Novamente, a intenção é afastar as pessoas da verdade fazendo-as seguir o caminho do erro, trazendo escravidão e maldições, e levando-lhes ao juízo de Deus.

> *Eis que eu vou jogá-la em uma cama, e aqueles que cometem adultério com ela em grande tribulação, a não ser que eles se arrependam de seus atos. E eu matarei os seus filhos com a morte; e todas as igrejas saberão que eu sou o que esquadrinha os rins e os corações, e eu darei a cada um de vós conforme as vossas obras.*
>
> Apocalipse 2:22-23

Este foi o juízo do Senhor sobre aqueles que permitiram-se seduzir pelos ensinamentos de Jezabel. Fornicação e adultério sempre serão julgados pelo Senhor.

> *Que o casamento seja honroso entre todos, e a cama sem mácula; porém, aos prostitutos e adúlteros, Deus os julgará.*
>
> Hebreus 13:4

O casamento está sendo atacado em nosso país como nunca antes. O divórcio não é mais considerado inaceitável – é quase esperado. Jezabel é um espírito sedutor que leva as pessoas à *devassidão* e ao *adultério*. Isto trará o juízo de Deus.

Devassidão significa prostituição. Também significa "infidelidade, indignidade, práticas idólatras ou depravação". *Prostituir* significa "um desejo infiel, indigno ou idólatra pela perversão". Recentemente, um ministro visitante estava pregando em nossa igreja quando começou a identificar profeticamente espíritos que operavam em nossa região. Enquanto professava, ele mencionava na profecia o espírito da libertinagem. Eu tomei nota, e a palavra *libertinagem* ficou em minha cabeça durante meses após aquele encontro.

Eu sabia que o Senhor, através daquele profeta, identificou um espírito que precisávamos amarrar em nossa região. A *libertinagem* significa "desviar da castidade, desviar da virtude ou excelência, corromper pela intemperança ou pela sensualidade".

Então, aí está. Espíritos de libertinagem, prostituição e perversão trabalham para o forte Belial. A *libertinagem* é definida como "extrema indulgência da sensualidade". Ser sensual significa "ser carnal, deficiente nos interesses morais, espirituais ou intelectuais: irreligioso".

É interessante notar que a única referência a Belial no Novo Testamento é encontrada em 2 Coríntios 6:15, "E que harmonia há entre Cristo e Belial? Ou que parte tem o crente com o infiel?". Paulo estava lidando com a carnalidade desenfreada na igreja de Corinto.

Jezabel não age sozinha. Belial age junto a Jezabel para induzir o povo a cometer pecados abomináveis, incluindo a sodomia, homossexualismo, incesto, estupro e todos os tipos de depravações. Jezabel age através da *manipulação* e da *intimidação.* Se o espírito de Jezabel não consegue manipular as pessoas ao pecado, a intimidação se manifesta. Jezabel ameaçou o profeta Elias de morte. Ela odeia apóstolos verdadeiros e profetas de Deus.

A maior ameaça à influência de Jezabel tem sido sempre os verdadeiros servos de Deus. Aqueles que pregam a verdade e mantêm uma postura de santidade são obstáculos para o trabalho de Jezabel. Este espírito, portanto, ataca estes homens e mulheres de Deus a fim de desviá-los de Seu caminho.

ORAÇÕES

Senhor, a Tua Palavra ensina que o espírito de Jezabel pode mascarar-se como uma pessoa que tem dons proféticos, e pode, portanto, ensinar e induzir fiéis ao erro para agirem na imoralidade. (Ap 2:20). Revele Teus verdadeiros profetas e profetisas, Senhor. Mantenha Teus filhos longe dos pecados de alguém que se mascara como um mensageiro Teu.

Pai, o espírito de Jezabel é um espírito sedutor, que está causando uma destruição desenfreada em nosso país hoje. Ensina-me que "o casamento seja honroso entre todos, e a cama sem mácula". Que eu nunca esqueça de que "aos prostitutos e adúlteros, Deus os julgará" (Hb 13:4).

Pai, Tua Palavra ensina a dolorosa lição da influência maligna de Jezabel. Apesar de o rei Josafá ter amado e servido a Ti por toda a vida, seu filho Jeorão, que se tornou rei depois dele, casou-se com a filha da perversa rainha Jezabel. Jeorão foi influenciado por este espírito do mal e levou todos de seu reino à adoração de falsos deuses, fazendo-os cair em total imoralidade em suas vidas (2Cr 21:11). Como resultado, Tu causaste a ele uma morte dolorosa devido a uma moléstia no estômago. Senhor, nos ajude a levar nossos filhos a bons casamentos e a ensiná-los as consequências do jugo desigual no casamento com a obra do espírito maligno de Jezabel na vida de uma pessoa.

Senhor, Teus filhos foram tão influenciados pelo espírito de Jezabel que até pecaram cometendo imoralidades sexuais e construindo altares idólatras nas colinas de Judá (2Cr 21:11). O mundo tem sido uma presa para este espírito perverso, e nossa nação está cheia de pessoas que não mais vivem na pureza. Chame Teu povo a defender a pureza, Senhor. Que Teu povo leve esta nação ao arrependimento por suas imoralidades, e que ela se volte para Ti na pureza e na dedicação.

Pai, o espírito de Jezabel direciona homens e mulheres a cometerem atos sexuais pecaminosos porque este espírito não pode ser satisfeito, e por isso enche homens e mulheres com um insaciável apetite por sexo (veja Ezequiel 16:23-31). Este espírito pecaminoso tem construído bordéis nos quais indescritíveis demônios têm lugar. Isto tem criado o aumento da promiscuidade em nossa juventude, pago o pecaminoso preço da prostituição e pavimentado a estrada para a homossexualidade. Pelo santo nome de Deus, eu amarro este espírito e o desta nação.

Quebre o domínio de Jezabel em mim, Senhor. Liberte os cativos e volte-me para a pureza.

Pai, Tu ensinas em Tua Palavra: "Quem repudiar sua esposa, dê-lhe carta de divórcio. Eu, porém, vos digo que todo aquele que repudiar a sua esposa, a não ser por causa de fornicação, a faz cometer adultério, e qualquer que casar com a divorciada comete adultério" (Mt 5:31-32). Detenha a influência da obra de Belial em nosso país, que faz com que homens e mulheres se envolvam em relações adúlteras e imoralidades sexuais. Belial busca a destruição de Tua instituição divina: o casamento. Mantenha-me puro em minhas relações, e que eu me junte na luta para salvar o casamento em nosso país.

Pai, ajude-me a entender que "estas coisas que saem da boca vêm do coração, e elas contaminam o homem. Porque do coração procedem os maus pensamentos, assassinatos, adultérios, fornicação, furtos, falsos testemunhos e blasfêmias" (Mt 15:18-19). Volte meu coração para Ti e mantenha minha boca pura.

Pai, ensina-me a importância da renovação do meu entendimento (Rm 12:2) e de manter o foco em Ti. A Tua Palavra nos diz que "como eles não se importaram em reter Deus em seu conhecimento, Deus os entregou a uma mente reprovada, para fazerem estas coisas que não convêm; estando cheios de toda a injustiça, fornicação, maldade, cobiça, malícia; cheios de inveja, assassinato, contenda, engano, malignidade, murmuradores, caluniadores, aborrecedores de Deus, perversos, orgulhosos, fanfarrões, inventores de coisas más, desobedientes aos pais" (Rm 1:28-30). Não quero ser como eles.

Senhor, eu sei que "as obras da carne são manifestas e aqui estão: Adultério, fornicação, impureza, lascívia, idolatria, feitiçaria, ódio, discórdia, rivalidade, ira, porfia, rebeliões, heresias" (Gl 5:19-20). Ensina-me a viver pelo poder do Teu Espírito e destrua as obras da carne em minha vida.

Senhor, Tu deste sentido à minha vida. Quero viver contigo na glória. Ajude-me a seguir Tuas instruções: "Mortificai, portanto, os vossos membros que estão sobre a terra: a fornicação, a impureza, a afeição desordenada, a vil concupiscência e a avareza, que é idolatria" (Cl 3:5).

Pai, "esta é a vontade de Deus, a vossa santificação: Que vos abstenhais da fornicação" (1Ts 4:3). Santifica-me plenamente, Senhor, e que eu esteja totalmente contigo para que o mal não se infiltre em minha vida.

Pai, Tu escreveste para a igreja de Tiatira: "Eu conheço as tuas obras, e a caridade, e o serviço, e a fé, e a paciência, e que as tuas últimas obras são mais do que as primeiras. Porém, eu tenho umas poucas coisas contra ti, porque toleras aquela mulher Jezabel, que chama a si mesma de profetisa, a ensinar e a seduzir os meus servos a cometerem fornicação, e a comerem das coisas sacrificadas aos ídolos. E eu lhe dei tempo para se arrepender da sua fornicação; e ela não se arrependeu. Eis que eu vou jogá-la em uma cama, e aqueles que cometem adultério com ela em grande tribulação, a não ser que eles se arrependam de seus atos" (Ap 2:19-22). Sonda o meu coração, Senhor, e mostre-o a mim. Se o espírito de Jezabel estiver presente em minha vida, eu me arrependo e peço o Teu perdão. E se este espírito maligno de alguma maneira entrou em minha família e influenciou os membros dela com seus ensinamentos malignos, revele isto a mim e expulse-o de minha casa. Quero que meu amor e o de minha família por Ti seja puro e santo em Tua visão.

Capítulo 3

A Maldição da Consciência Cauterizada

E ela escreveu nas cartas, dizendo: Proclamai um jejum, e ponde Nabote no alto, no meio do povo; e ponde dois homens, filhos de Belial, diante dele, para dar testemunho contra ele, dizendo: Tu blasfemaste contra Deus e contra o rei. E, depois, carregai-o para fora e apedrejai-o, para que morra. E ali chegaram dois homens, filhos de Belial, e se assentaram diante dele; e os homens de Belial testemunharam contra ele, justamente contra Nabote, na presença do povo, dizendo: Nabote blasfemou contra Deus e contra o rei. Eles, então, carregaram-no para fora da cidade e o apedrejaram com pedras, de modo que morreu. Então, eles mandaram dizer a Jezabel: Nabote está apedrejado e está morto.

1 Reis 21:9-10, 13-14

Aí está um exemplo de Jezabel e Belial trabalhando juntos. Os homens de Belial foram evidentemente contratados para dar falso testemunho contra Nabote. A Bíblia diz: "E ali chegaram dois homens, filhos de Belial, e se assentaram diante dele; e os homens de Belial testemunharam contra ele, justamente contra Nabote, na presença do povo" (v.13). *Belial faz o homem agir sem consciência.*

Paulo afirma mais adiante que existem aqueles que "falando mentiras em hipocrisia, tendo a sua própria consciência cauterizada com ferro quente" (1Tm 4:2).

Cauterizar significa "amortecer". Uma das formas pelas quais Belial é capaz de fazer os homens cometerem atos vis é cauterizando a consciência. Homens sem consciência são capazes de cometer qualquer ato sem sentir nenhum remorso.

Toda pessoa nasce com consciência. O inimigo deve neutralizar a consciência antes de seduzir os homens a cometerem certos pecados. De acordo com Tito 1:15, a mente e a consciência podem ser corrompidas. *Corromper* significa "contaminar ou tornar impuro". Isto é obviamente uma referência aos espíritos malignos operando na consciência.

Quando a consciência é cauterizada, homens e mulheres ficam abertos a todo tipo de espíritos imundos e suas maldições, e são capazes de cometer todo tipo de atos impuros. Por exemplo, há muitos hoje que não mais acreditam que o homossexualismo, lesbianismo e incesto são errados.

Belial cauterizou a consciência para fazer com que estas coisas se tornassem um estilo de vida normal. Quando a consciência é cauterizada, os homens são capazes de cometer os mais vis e repugnantes atos. Quase não há limite para a depravação que o homem pode mostrar quando está preso à maldição da consciência cauterizada.

ORAÇÕES

Pai, assim como os homens que estavam prontos para apedrejar a mulher pega em adultério, mas que estavam "sendo condenados por sua própria consciência", e, portanto, "saíram um a um, a começar pelos mais velhos", deixando Jesus sozinho "e a mulher em pé no meio deles" (Jo 8:9-10), convença-me dos pecados que tentei esconder e falhei em admitir, e leve-me ao arrependimento.

Pai, que eu seja como Paulo, que "olhando atentamente para o conselho, disse: Homens e irmãos, tenho vivido com toda a boa consciência diante de Deus até o dia de hoje" (At 23:1)

Senhor, "tendo esperança em Deus, como estes mesmos também esperam, que haverá a ressurreição de mortos, tanto dos justos como dos injustos. Nisto também me esforço de sempre ter uma consciência sem ofensa para com Deus e para com os homens" (At 24:15-16).

Pai, como cristão, sei que "para nós há um só Deus, o Pai, de quem são todas as coisas, e nós nele; e um Senhor, Jesus Cristo, pelo qual são todas as coisas, e nós por ele." Mas como o apóstolo Paulo escreveu:

"Todavia não há este conhecimento em todos os homens; porque alguns, conscientes do ídolo, até agora comem coisas oferecidas ao ídolo; e a sua consciência, sendo fraca, é contaminada" (1Co 8:6-7), torne-me sensível a outros cuja consciência é fraca e que ainda não se libertaram das tradições ritualísticas.

Pai, Tua Palavra nos alerta a ter cuidado para "que essa liberdade não se torne de alguma maneira pedra de tropeço para os fracos" (1Co 8:9). Torne-me sensível aos outros, para que ninguém mais se machuque com minhas ações, pois "pecando assim contra os irmãos, e ferindo a sua fraca consciência, pecais contra Cristo" (v.12).

Senhor, faça-me digno de dizer como disse Paulo: "Porque o nosso regozijo é este: o testemunho da nossa consciência, de que, com simplicidade e sinceridade piedosa, não com sabedoria carnal, mas pela graça de Deus, tivemos nossa conversação no mundo, e mais abundantemente convosco" (2Co 1:12).

Pai, eu renuncio às "coisas escondidas por desonestidade" (2Co 4:2). Com Paulo, eu digo: "Mas, tendo renunciado às coisas escondidas por desonestidade, não andamos em astúcia, nem manipulamos a palavra de Deus enganosamente; mas, pela manifestação da verdade nos recomendamos à consciência de todo o homem, à vista de Deus. Mas, se o nosso evangelho está escondido, está escondido para aqueles que estão perdidos" (2Co 4:2-3).

Senhor, proteja-me de uma consciência cauterizada. Deixe-me servir a Ti em honestidade e integridade. Assim como Paulo, "conhecendo, portanto, o temor do Senhor, persuadimos os homens; mas somos manifestos a Deus; e eu confio também que somos feitos manifestos nas vossas consciências" (2Co 5:11).

Pai, faça de mim o tipo de mestre da Tua Palavra como Paulo instruiu Timóteo a ser: "Como te supliquei que ainda continuasses em Éfeso, quando parti para a Macedônia, a fim de advertires a alguns que não ensinem outra doutrina, nem se deem a fábulas ou a genealogias intermináveis, que mais produzem questões do que edificação de Deus, que consiste na fé; assim o faço. Ora, o fim do mandamento é a caridade de um coração puro, e de uma boa consciência, e de uma fé não fingida. Do que desviando-se alguns, se entregarão a vãs contendas, desejando ser professores da lei e não entendendo nem o que dizem nem o que afirmam" (1Tm 1:3-7). Que tudo o que eu faça venha da "caridade de um coração puro, e de uma boa consciência, e de uma fé não fingida" (v.5).

Senhor, deixe que eu "combatesse uma boa guerra, conservando a fé e a boa consciência" (1Tm 1:18-19).

Pai, se eu somente mantiver minha vida pura e proteger minha consciência de ser cauterizada pelo pecado, serei um servo digno de servir-Te como diácono em Tua igreja. Se me for dada a sagrada condição de diácono, que eu possa seguir a instrução de Paulo: "Do mesmo modo os diáconos devem ser sérios, não de língua dobre, não dados a muito vinho, não cobiçosos de lucro desonesto, guardando o mistério da fé em uma pura consciência. E também estes sejam primeiro provados, depois pratiquem o ofício de um diácono, se forem considerados irrepreensíveis" (1Tm 3:8-10).

Pai, que eu diga com Paulo: "Dou graças a Deus, a quem sirvo desde os meus antepassados com uma consciência pura, porque sem cessar faço menção de ti nas minhas orações, noite e dia" (2Tm 1:3).

Senhor, quando estivermos diante de Ti, "cheguemo-nos com coração verdadeiro, em inteira certeza de fé; tendo o coração purificado da má consciência, e o corpo lavado com água pura" (Hb 10:22).

Senhor, ajude-me a recorrer ao poder dos intercessores pedindo aos Teus guerreiros de oração que "orai por nós, porque confiamos que temos boa consciência, e em todas as coisas queremos viver honestamente" (Hb 13:18).

Senhor, dê-me uma consciência que sempre siga os Teus passos e lembre-se do quanto Tu sofreste por mim. Tua Palavra me lembra que "por causa da consciência para com Deus, passe por aflição, sofrendo injustamente. Porque, que glória será essa, se sois esbofeteados por vossas faltas, devendo suportar pacientemente? Mas se, fazendo o bem, sofreis por isso, e suportais pacientemente, isso é aceitável a Deus" (1Pe 2:19-20).

Pai, quero ser o tipo de cristão que segue o aviso de Paulo: "Porém, santificai ao Senhor Deus em vossos corações; e estai sempre preparados para responder a cada homem que vos pedir a razão da esperança que há em vós, com mansidão e temor. Tendo uma boa consciência, para que, enquanto falam mal de vós, como de malfeitores, fiquem envergonhados por falsamente acusarem o vosso bom comportamento em Cristo. Porque melhor é, se Deus assim o quiser, que sofrais por fazer o bem do que por fazer o mal" (1Pe 3:15-17).

CAPÍTULO 4

MALDIÇÕES DOS ESPÍRITOS DE ENFERMIDADE

Uma doença maligna se apega rapidamente a ele, e agora que deita, não levantará mais.
Salmos 41:8

NOS TEMPOS DA BÍBLIA, doenças fatais eram consideradas coisa de Belial. A Palavra diz: "Ele está muito mal mesmo e não vai se levantar mais."

Belial também tem uma tropa de espíritos de enfermidade e doença operando sob a autoridade dele. Em qualquer lugar onde haja imoralidade, haverá doença e morte. Estas são maldições que recaem sobre aqueles que são perversos e desonestos. Lembre-se, Belial deseja levar o homem ao pecado, à imoralidade e à perversão, a fim de trazer maldição para as nações.

"Aos prostitutos e adúlteros, Deus os julgará" (Hb 13:4). É possível que a AIDS seja uma doença de Belial atacando uma pessoa. A AIDS, sem dúvida, é o resultado do pecado, homossexualidade, fornicação, perversão e uso de drogas. A AIDS é fatal e, naturalmente, não tem cura. Salmos 41:8 diz: "Uma doença maligna se apega rapidamente a ele, e agora que deita, não levantará mais".

O contexto de Salmos 41 é novamente o ataque de Belial contra Davi, o ungido do Senhor. Davi afirma: "Todos aqueles que me odeiam, sussurram juntos contra mim; contra mim imaginam o mal" (Sl 41:7). Novamente, Belial é mencionado neste contexto. Acredito que como um espírito do Fim dos Tempos, Belial foi lançado pelo inimigo para atacar os dons do ministério.

Estes ataques também podem incluir maldições de *bruxaria* contra os verdadeiros servos do Senhor, que se manifestam geralmente pelas doenças. Líderes precisam do suporte de forte oração contra estes espíritos que são lançados sob a autoridade do forte Belial, que odeia e busca destruir os dons do ministério.

ORAÇÕES

Senhor, Tua Palavra promete: "E servireis ao SENHOR vosso Deus, e ele abençoará o vosso pão e a vossa água; e eu tirarei do meio de vós a enfermidade" (Êx 23:25).

Pai, quero servir a Ti em honestidade e obediência, pois Tua Palavra promete: "Acontecerá que, se ouvirdes esses juízos, e os guardardes, e cumprires, que o SENHOR teu Deus vos guardará o pacto e a misericórdia que jurou aos teus pais; serás abençoado acima de todos os povos; não haverá homem ou mulher estéril entre ti, nem entre o teu gado. E o SENHOR tirará de ti toda enfermidade, e não colocará sobre ti nenhuma das terríveis doenças do Egito, que conheceste. Mas as porá sobre todos aqueles que te odeiam" (Dt 7:12, 14-15).

Quando andaste na Terra, "Jesus foi por toda a Galileia, ensinando em suas sinagogas, e pregando o evangelho do reino, e curando todas as espécies de enfermidades e todas as espécies de doenças entre o povo" (Mt 4:23). Ande hoje entre os meus parentes, minha família e os que amo, Senhor. Cure "todas as enfermidades e moléstias" que tentam afligir minha família e os que amo, através de Teu santo poder.

Pai, me dê uma fé tão forte quanto a do leproso que "o adorou" e disse a Ti: "Senhor, se tu queres, podes limpar-me". Tua Palavra diz que Jesus imediatamente "estendeu a sua mão e tocou-o, dizendo: Eu quero; sê limpo. E imediatamente sua lepra foi purificada'" (Mt 8:2-3). Imediatamente ele foi purificado da lepra por causa da fé que tinha.

Jesus, Tu és o Grande Médico. Tua vida na Terra foi repleta de milagres de cura. Quando um centurião pediu para curar o seu servo enfermo, Tu disses-tes, "Eu irei e o curarei". Aquele homem tinha tanta fé no Teu poder de curar que disse: "Senhor, eu não sou digno de que entres debaixo do meu telhado, mas dize somente uma palavra, e o meu servo será curado". Tu honraste a fé dele e disseste: "Vai no teu caminho, e como tu creste, assim seja feito a ti" (Mt 8:7-8,13). E o servo foi curado na mesma hora.

Jesus, quando Tu visitaste a casa de Pedro, Tu vistes "a mãe de sua esposa deitada, doente de febre", e "tocou-lhe na mão, e a febre a deixou; e levantou-se, e serviu-os" (Mt 8:14-15). Tu és a cura maravilhosa!

Senhor, ajude-me a ser como aqueles que acreditam tanto em Teu poder para curar que "trouxeram-lhe muitos que estavam possuídos por demônios, e ele expulsou os espíritos com a sua palavra, e curou todos os que estavam enfermos" (Mt 8:16). Verdadeiramente, Tu és o Grande Médico, que "tomou sobre si as nossas enfermidades, e levou as nossas doenças" (v.17).

Senhor, em Tua infinita sabedoria, Tu sabes que não só nossos corpos precisam do Teu toque de cura, mas nossas almas também. Quando um paralítico foi levado a Ti para obter a cura física, Tu primeiro o curaste espiritualmente pelo perdão dos pecados. Depois, dissestes a ele: "Levanta-te, toma o teu leito, e vai para tua casa. E ele levantando-se, foi para sua casa" (Mt 9:6-7).

Senhor, quando os Fariseus perguntaram aos Teus discípulos o porquê de Tu sentares e comeres com os coletores de impostos e com pecadores, Tu disseste a eles: "Os sãos não têm necessidade de médico, mas sim os que estão enfermos. Ide, pois, e aprendei o que significa isto: Eu quero misericórdia, e não sacrifício; porque eu não vim para chamar os justos, mas os pecadores ao arrependimento" (Mt 9:12-13). Ajude-me a entender que em misericórdia, Tu me chamaste e me curaste – física e espiritualmente.

Senhor, Teu poder de cura é tão forte que pode ressuscitar aquele que está morto. Quando Tu foste à casa de um dirigente da sinagoga e viste que a filha dele estava morta, Tu disseste a eles: "Retirai-vos, pois a menina não está morta, mas dorme. E riram dele para o escarnecer. Mas quando as pessoas foram colocadas para fora, ele entrou, a tomou pela sua mão, e a menina se levantou" (Mt 9:24-25). Confiarei em Teu poder para curar e ressuscitar os mortos, Senhor, e não duvidarei da Tua Palavra.

Jesus, quando a mulher que sofria com o fluxo de sangue por doze anos estendeu com fé a sua mão para tocar a bainha do Teu manto, Tu a viste e disseste a ela: "Tem bom ânimo filha, a tua fé te curou! E naquela mesma hora a mulher ficou sã" (Mt 9:22). Dê-me uma fé como a dela, Senhor.

Senhor, quando dois homens cegos Te seguiram e pediram para serem curados, Tu perguntaste a eles: "Credes vós que eu possa fazer isto? Disseram-lhe: Sim, Senhor", e Tu tocaste os olhos dos homens e os curaste. Que eu nunca esqueça das palavras que disseste a eles: "Conforme a vossa fé vos seja feito" (Mt 9:27-30). Aumenta minha fé, Senhor, para que eu creia no impossível!

Senhor, Tu percorrias "todas as cidades e aldeias, ensinando nas suas sinagogas, pregando o evangelho do reino, e curando todas as enfermidades e todas as doenças entre o povo" (Mt 9:35). Tu tiveste compaixão das pessoas e as descreveste como "exaustas e dispersas, como ovelhas que não têm pastor" (v.36). Assim como naqueles dias, Senhor, "A seara verdadeiramente é grande, mas poucos são os trabalhadores" (v.37). Envie-me para ser um trabalhador em Teu campo de colheita. Ajude-me a propagar as boas novas de Teu poder para curar e salvar.

Quando Tu chamaste Teus doze discípulos, Senhor, Tu deste a eles "poder contra os espíritos imundos, para os expulsarem, e para curarem toda espécie de doenças e toda espécie de enfermidades" (Mt 10:1). Ajude-me a entender que Tu me chamaste para ser Teu discípulo e que Tu me deste o mesmo poder para expulsar demônios - até o espírito perverso de Belial - e para curar doenças e moléstias.

Senhor, Tu disseste aos Teus discípulos: "E, enquanto forem, pregai, dizendo: O reino do céu tem-se aproximado. Curai os enfermos, purificai os leprosos, ressuscitai os mortos, expulsai os demônios; de graça recebestes, de graça dai" (Mt 10:7-8). Sou Teu discípulo, e seguirei Teu comando para IR.

Pai, ajude-me a entender que estou ministrando para Ti quando sirvo aos outros. Quando os discípulos Te perguntaram: "Senhor, quando te vimos com fome, e te alimentamos? Ou com sede, e te demos de beber? E quando nós te vimos estrangeiro, e te acolhemos? Ou despido, e te vestimos? E quando te vimos enfermo ou na prisão, e fomos visitar-te?" Tu respondeste a eles a mesma resposta que me deste: "Na verdade eu vos digo que quando o fizestes ao menor destes meus irmãos, a mim o fizestes" (Mt 25:37-40).

Pai, Tu deste uma promessa maravilhosa em Tua Palavra para todos aqueles que acreditam em Ti. Tu demonstraste que Teu poder foi maior do que os poderes malignos de Belial, pois prometeste para aqueles que são salvos: "E estes sinais seguirão aos que crerem: Em meu nome expulsarão demônios; falarão novas línguas; pegarão em serpentes; e se eles beberem alguma coisa mortífera, não lhes fará dano; e eles imporão as suas mãos sobre os enfermos, e eles serão curados" (Mc 16:17-18).

Pai, dê-me um espírito como o de Pedro, que, depois de ser enchido com o Teu Espírito Santo, estava tão cheio do Teu poder que "muito mais crentes no Senhor eram acrescentados; multidões de homens e de mulheres). De modo que eles levavam os enfermos para as ruas, e os colocavam em catres e em macas, para que ao menos a sombra de Pedro, quando este passasse, cobrisse alguns deles" (At 5:14-15).

Senhor, dê-me a confiança que Pedro teve para saber que estava abençoado com o Teu poder para curar. Quando ele viu um homem que estava acamado por oito anos com paralisia, ele disse ao homem: "Eneias, Jesus Cristo te cura; levanta-te e faze a tua cama". E ele se levantou imediatamente (At 9:34).

Pai, quando uma maravilhosa cristã grega, em Jope, "estava cheia de boas obras e esmolas (...) ficou enferma e morreu", os seguidores enviaram Pedro para curá-la. Depois de tirar todas as viúvas do quarto, ele disse a ela: "Tabita, levanta-te". Ela abriu os olhos e, vendo Pedro, sentou-se. Tomando-a pela mão, ajudou-a a pôr-se de pé (At 9:36-41). Esta história me ensina a me ocupar fazendo coisas boas para outros, porque Tu sempre cuidarás de mim.

Senhor, Tu deste grande poder de cura a Paulo, assim como fez com Pedro. Tua Palavra nos diz: "E Deus fazia milagres especiais pelas mãos de Paulo, de modo que até os seus lenços e aventais se levavam aos enfermos, e as enfermidades se retiravam deles, e os espíritos malignos saíam deles" (At 19:11-12). Dê a mim Teu poder sobrenatural de cura também, e permita-me curar o doente e expulsar a obra do espírito de Belial em nosso mundo hoje.

Pai, Teu glorioso poder de cura protegeu Paulo da picada de uma cobra perigosa. Ele livrou-se da cobra assim como nós temos o poder de livrar-nos de Belial. Aquele foi um testemunho poderoso para todos os que estavam em volta, e deu a Paulo a oportunidade de curar qualquer um que estivesse doente na ilha (Atos 28:3-9). Que Teu poder de cura opere em mim para que eu seja uma testemunha poderosa de Teu poder e glória.

Pai, somos ordenados em Tua Palavra: "Está alguém entre vós doente? Que chame os anciãos da igreja, e orem sobre ele, ungindo-o com óleo em nome do Senhor. E a oração da fé salvará o doente, e o Senhor o levantará; e se ele houver cometido pecados, ser-lhe-ão perdoados. Confessai as vossas culpas uns aos outros, e orai uns pelos outros, para que possais ser curados. A oração eficaz e fervorosa de um homem justo vale muito" (Tg 5:14-16).

Que maravilhosa promessa Tu nos deste, Senhor: "E a oração da fé salvará o doente, e o Senhor o levantará; e se ele houver cometido pecados, ser-lhe-ão perdoados" (Tg 5:15).

Capítulo 5

Os espíritos do álcool e da embriaguez

Ora, Ana falava em seu coração; somente os seus lábios se moviam, mas a sua voz não era ouvida; por isso Eli pensou que ela estivesse ébria. E Eli disse a ela: Por quanto tempo ficarás ébria? Afasta de ti o teu vinho. E Ana respondeu e disse: Não, meu senhor, sou uma mulher de espírito pesaroso; não bebi nem vinho, nem bebida forte, mas tenho derramado a minha alma diante do SENHOR. Não consideres tua serva como uma filha de Belial; pois da profusão da minha queixa e angústia tenho falado até aqui."

1 Samuel 1:13-16

NA BÍBLIA, no versículo 16 de 1 Samuel 1 é dito: "Não consideres tua serva como uma filha de Belial". Eli pensou que Ana estava bêbada. O espírito de Belial opera através do *álcool* e da *embriaguez*. A embriaguez é uma maneira de destruir a moral e deixar as pessoas sujeitas à *luxúria* e à *perversão*. Acredito que os espíritos do álcool e da embriaguez operam sob o comando de Belial.

É fato que muitas crianças que têm pais alcoólatras são vítimas de abuso sexual, como o incesto. O álcool também abre a porta para os *espíritos de violência*, incluindo o estupro (que tanto acontece nos campus das faculdades).

Provérbios nos alerta sobre os perigos do álcool:

> *Não olhes para o vinho quando ele estiver vermelho, quando der sua cor na taça, quando ele se mover suavemente. No final, ele pica como a serpente, e ferroa como uma víbora. Teus olhos contemplarão a mulher estranha, e teu coração proferirá coisas perversas.*
>
> Provérbios 23:31-33

Estes versículos mostram a conexão do espírito da perversão com o da embriaguez. *Perverter* significa "desviar-se ou afastar-se do que é bom ou moralmente certo, corromper, afastar-se do que geralmente é feito ou aceito".

A perversão sexual tem se tornado crescente em nossa nação com a promoção da homossexualidade e do lesbianismo como alternativas aceitáveis de estilos de vida. Estas são *perversões* de acordo com a Palavra de Deus. Espíritos de perversão, incluindo homossexualismo e lesbianismo, operam sob o comando de Belial. Isto também é referido na Palavra de Deus como *sodomia*.

A *Sodomia* é definida como "copulação com um membro do mesmo sexo ou com um animal (bestialismo)". Também relaciona-se à copulação anal ou oral com alguém do sexo oposto. O termo "sodomita" é mencionado cinco vezes no Antigo Testamento.

Os sodomitas eram prostitutos(as) que faziam parte da adoração aos ídolos deuses da fertilidade em Canaã. Estes atos vis eram parte da adoração aos ídolos entre os Cananeus.

OS FILHOS DE ELI

Ora, os filhos de Eli eram filhos de Belial; eles não conheciam o SENHOR. Ora, Eli era muito velho, e ouvia tudo o que os seus filhos faziam a todo o Israel; e como eles se deitavam com as mulheres que se reuniam à porta do tabernáculo da congregação.

1 Samuel 2:12,22

Os filhos de Eli representam o *ministério*. Eles, junto com Eli, eram responsáveis pelo sacerdócio, pela manutenção do templo e pelos sacrifícios de Israel. Seus abusos trouxeram o juízo do Senhor sobre eles e o estabelecimento de uma nova ordem para Samuel. Estes filhos foram chamados "filhos de Belial". Eles foram motivados e controlados pelo espírito de Belial.

Uma das obras de Belial é trazer impurezas para dentro do templo de Deus. O ministério é um alvo deste espírito. Ele deseja atrair os servos de Deus e Seus ungidos para o pecado (especialmente para o pecado sexual) a fim de envergonhar a igreja.

Estes sacerdotes também foram culpados de gula ao fazerem-se "gordos com a principal de todas as ofertas de Israel" (1Sm 2:29). O pecado deles era tão grande que "homens abominavam a oferta do SENHOR" (v.17).

> *Se um homem pecar contra outro, o juiz o julgará; mas se um homem pecar contra o SENHOR, quem intercederá por ele? Não obstante, eles não atentaram à voz do seu pai, porque o SENHOR os mataria.*
>
> 1 Samuel 2:25

A Bíblia diz: "Não obstante, eles não atentaram à voz do seu pai, porque o SENHOR os mataria". O Senhor julgou os pecados deles com a morte. Não há motivo para este tipo de atitude, especialmente para aqueles que estão no ministério. Deus proíbe os homens de Deus de deitarem com as mulheres de suas congregações.

O espírito de Belial deseja atrair os servos de Deus para que cometam este tipo de atitude hedionda a fim de trazer maldições e juízo sobre os servos do Senhor. Os filhos de Eli "não conheciam o SENHOR" (1Sm 2:12). Os verdadeiros apóstolos, profetas, evangelistas, pastores e mestres conhecem o Senhor. Eles também sabem que há princípios morais nos quais espera-se que os servos de Deus vivam.

Lembre-se, "aos prostitutos e adúlteros, Deus os julgará" (Hb 13:4). Deus disse a Eli:

> *Pois eu lhe disse que julgarei sua casa para sempre pela iniquidade que ele conhece; porque os seus filhos fizeram-se vis, e ele não os refreou.*
>
> 1 Samuel 3:13

Este versículo nos diz que o Senhor considerou os atos *vis* deles. A Bíblia diz: "porque os seus filhos fizeram-se vis".

Novamente, a obra de Belial é fazer o homem se envolver com os pecados que são abomináveis e para trazer a maldição de Deus.

> Os quais, conhecendo o julgamento de Deus, que os que cometem tais coisas são dignos de morte, não somente as fazem, mas têm prazer naqueles que as fazem.
>
> Romanos 1:32

Que pecados Paulo menciona que são dignos de morte? A resposta é *idolatria, homossexualidade* e *lesbianismo*. Porém, não estou afirmando que toda pessoa envolvida nestes pecados deveria morrer. Deus é louvado por Sua misericórdia. Jesus morreu e derramou o Seu sangue pelos pecados. Aqueles que se arrependem e aceitam Seu sacrifício receberão a libertação e o perdão dos pecados.

No entanto, o julgamento de Deus virá para aqueles que, por terem um coração impenitente e duro, não se arrependerem (Rm 2:5). A despeito do que a mídia secular tenta nos dizer a respeito da homossexualidade e do lesbianismo, estas são perversões e ainda estão sob o julgamento de Deus.

> *Por esta causa Deus os entregou às afeições vis, porque até as suas mulheres mudaram o uso natural, para aquele que é contrário à natureza. E, semelhantemente também os homens, deixando o uso natural da mulher, se inflamaram em sua luxúria uns para*

com os outros, homens com homens, praticando o que é indecente, e recebendo em si mesmos a recompensa adequada do seu erro.

Romanos 1:26-27

A definição do dicionário para a palavra *abominação* é "extremo desgosto e ódio, asco". *Abominar* significa "odiar grandemente, geralmente com repúdio e intolerância, detestar".

E, como eles não se importaram em reter Deus em seu conhecimento, Deus os entregou a uma mente reprovada, para fazerem estas coisas que não convêm.

Romanos 1:28

Espíritos réprobos também operam com a homossexualidade e a perversão. A definição do dicionário para *réprobo* é "rejeitado por ser inútil, abandonado moralmente, depravado". Você irá relacionar esta definição à definição já vista de *Belial* como "inutilidade".

Quando algo é réprobo, seu valor é julgado por Deus como inútil, e, portanto, rejeitado. A Bíblia diz que Deus "os entregou a uma disposição mental reprovável, para praticarem o que não deviam". A palavra *reprovável* significa "ser de baixo valor". Sinônimos, como *vil* e *vulgar* significam "merecedor de desprezo por causa da ausência de valores; depravação repulsiva ou obscenidade".

Belial é um regente ímpio que leva os homens a pecados vis e reprováveis. Espíritos réprobos e espíritos de homossexualidade e lesbianismo operam sob as ordens de Belial amaldiçoando os homens para que cometam atos vis, trazendo assim o juízo de Deus.

O apóstolo Paulo faz menção à tropa de espíritos malignos que se levantam quando as mentes humanas estão réprobas:

> *Estando cheios de toda a injustiça, fornicação, maldade, cobiça, malícia; cheios de inveja, assassinato, contenda, engano, malignidade, murmuradores, caluniadores, aborrecedores de Deus, perversos, orgulhosos, fanfarrões, inventores de coisas más, desobedientes aos pais; sem entendimento, infiéis nos pactos, sem afeição natural, implacáveis, sem piedade.*
>
> Romanos 1:29-31

Estes versículos dizem que eles estão *cheios* destas coisas. Está é, obviamente, uma lista de demônios que entram e habitam naqueles que são culpados por *pecados reprováveis*. Em outras palavras, os que se sentem culpados por estes pecados se tornam endemoniados.

Atos de impureza sexual atraem maldições de espíritos imundos. A única solução é o arrependimento e a libertação.

ORAÇÕES

EMBRIAGUEZ

Pai, ajude-me a ouvir a admoestação de Tua Palavra: "E tomai cuidado por vós mesmos, para que em nenhum momento os vossos corações sejam sobrecarregados com excessos, e embriaguez, e cuidados da vida, e aquele dia vos sobrevenha desprevenidamente" (Lc 21:34).

Pai, que "caminhamos honestamente, como de dia, não em tumultos, nem em embriaguez, nem em orgias, nem em devassidão, nem em contendas e inveja" (Rm 13:13).

Senhor, quero fazer apenas o que Tu quiseres que eu faça, pois seguir meus próprios desejos me levará à perdição. "Ora, as obras da carne são manifestas e aqui estão: Adultério, fornicação, impureza, lascívia, idolatria, feitiçaria, ódio, discórdia, rivalidade, ira, porfia, rebeliões, heresias, invejas, homicídios, bebedeiras, orgias e outras coisas semelhantes. A respeito dessas coisas vos falo, como já vos falei outrora, que os que praticam tais coisas não hão de herdar o reino de Deus" (Gl 5:19-21). Não quero viver assim, Senhor. Quero honrar e servir a Ti em tudo o que faço.

Pai, Tu me deste um bom conselho em Tua Palavra – conselho que eu quero seguir: "Ouve tu, meu filho, e sê sábio, e guia o teu coração no caminho. Não estejas entre os bebedores de vinho, entre turbulentos comedores de carne; porque o bêbado e o comilão virão à pobreza; e a sonolência vestirá um homem com trapos" (Pv 23:19-21).

Pai, Tua Palavra me alerta a ter cuidado com o tipo de pessoas que eu ando. Ajude-me a ouvir o Teu conselho para "não vos manteis na companhia de qualquer homem que chamado de irmão seja um fornicador, ou avarento, ou idólatra, ou caluniador, ou beberrão, ou extorquidor" (1Co 5:11). Ajude-me a escolher meus amigos sabiamente.

Senhor, não quero me embriagar "com vinho, no qual há excesso". Quero encher-me "do Espírito" (Ef 5:18). Encha-me com Teu Espírito, Senhor.

Deus, desde os tempos de Arão, Tu instruíste Teus líderes cristãos e ministros: "E o SENHOR falou a Arão, dizendo: Não bebereis vinho ou bebida forte, tu, e nem teus filhos contigo, quando entrardes no tabernáculo da congregação, para que não morrais; isso será um estatuto eterno por vossas gerações, para fazer diferença entre o santo e o profano, e entre o impuro e o limpo" (Lv 10:8-10). Que eu nunca Te desaponte por fazer do que é santo profano, por minha iniquidade e embriaguez.

Pai, Tu ensinaste que qualquer um que "Quando um homem ou uma mulher tiver se separado, fazendo um voto de nazireu, para se separar ao SENHOR deverá se separar do vinho e da bebida forte" (Nm 6:2-3).

Ajude-me a entender que a embriaguez destrói minha habilidade de estar consagrado a Ti, e ajude-me a recusar tudo aquilo que tem o poder de me afastar de Ti.

Senhor, ajude-me a seguir o simples conselho de Tua Palavra, que diz: "O vinho é um zombador, a bebida forte é colérica, e quem quer que seja enganado desse modo não é sábio" (Pv 20:1)

Pai, tu tens uma forte admoestação sobre os perigos da embriaguez para aqueles que são chamados a serem líderes, pois em Tua Palavra, Tu dizes: "Não é para os reis, ó Lemuel, não é para os reis beber vinho, nem para os príncipes, bebida forte" (Pv 31:4). Ajude-me a honrar a Tua Palavra.

Senhor, ajude-me a entender quão facilmente Satanás pode nos prender na escravidão do alcoolismo. Ela se torna tão poderosa que pode até mesmo tirar a vida de uma pessoa. Tua Palavra nos lembra disto ao dizer: "Ai dos que se levantam cedo, pela manhã, para que eles possam seguir a bebida forte; que continuam até a noite, até que o vinho os inflame! E a harpa e a viola, o tamborim e a flauta, e vinho, estão no meio de seus banquetes. Porém eles não consideram a obra do SENHOR, nem ponderam a respeito do operar de suas mãos. Portanto, meu povo é levado para o cativeiro, porque eles não têm conhecimento. E seus homens honrados estão famintos e a multidão seca-se de sede" (Is 5:11-13).

Pai, o inimigo nos cega para os perigos da embriaguez e do alcoolismo, e Tua Palavra descreve como isto afeta nossas ações: "Ai dos que são sábios a seus próprios olhos e prudentes de acordo com seu ponto de vista! Ai dos que são poderosos para beber vinho e homens de força para misturar bebida forte. Os quais justificam o perverso por recompensa e removem do justo a justiça dele! Portanto, da mesma forma que o fogo devora o restolho e a chama consome a palha, assim sua raiz será como podridão, e a sua flor subirá como o pó; porque eles rejeitaram a lei do SENHOR dos Exércitos e desprezaram a palavra do Santo de Israel" (Is 5:21-24).

Pai, faça com que os líderes espirituais do mundo de hoje entendam a Tua reprovação à embriaguez deles. Tua Palavra diz: "Porém, eles também têm errado por causa do vinho, e através da bebida forte estão fora do caminho. O sacerdote e o profeta têm errado através da bebida forte, eles estão imersos no vinho, eles estão fora do caminho por causa da bebida forte. Eles erram na visão, eles tropeçam no julgamento. A quem ele ensinará conhecimento? E a quem ele fará compreender doutrina? Àqueles que são desmamados e retirados dos seios. Porque preceito precisa ser sobre preceito, preceito sobre preceito; linha sobre linha, linha sobre linha, aqui um pouco, e lá um pouco" (Is 28:7,9-10).

PERVERSIDADE

Pai, Tua Palavra me diz que Tu és "a Rocha", e que Tua "obra é perfeita; porque todos os seus caminhos são juízo". Tu és "um Deus de verdade e sem iniquidade, justo e reto é ele". Mas há muitos filhos que "se corromperam, a mancha deles não é a mancha dos seus filhos; eles são uma geração perversa e deturpada" (Dt 32:4-5). Pai, que tudo que eu faça mostre a outros que Tu és minha rocha. Purifica-me de todas as perversidades.

Pai, sei que algumas vezes falhei e pequei contra Ti. Ajude-me a lembrar o que Tua Palavra diz para fazer quando isto acontece: "Se eles pecarem contra ti, (pois não há homem que não peque) e tu estiveres irado com eles, e os entregares ao inimigo, de modo que esses os levem cativos para a terra do inimigo, longe ou perto; se na terra para onde foram levados cativos, eles tornarem em si, e se arrependerem, e fizerem súplica a ti na terra daqueles que os levaram cativos, dizendo: Temos pecado, e temos agido perversamente, temos cometido iniquidade; e assim retornarem a ti com todo o seu coração, e com toda a sua alma, na terra dos seus inimigos, o qual os levou cativos, e orarem a ti em direção à sua terra, a qual deste aos seus pais, à cidade que tu escolheste, e à casa que edifiquei para o teu nome; então, ouve tu a sua oração e a sua súplica no céu, o teu lugar de habitação, e sustenta a sua causa, e perdoa o teu povo que pecou contra ti, e todas as transgressões com as quais eles transgrediram contra ti, e dá-lhes compaixão diante daqueles que os levaram cativos, para que possam ter compaixão deles" (1Rs 8:46-50). Obrigado por me perdoar e mostrar-me a Tua misericórdia, Senhor.

Pai, ajude-me a afastar da minha boca "a boca maléfica" e que fique longe dos meus lábios "os lábios perversos" (Pv 4:24).

Senhor, ensina-me a buscar integridade, pois Tua Palavra nos diz que "a integridade dos justos os guiará, mas a perversidade dos transgressores os destruirá" (Pv 11:3).

Pai, proteja-me da embriaguez e do alcoolismo, e de qualquer tipo de perversidade. Que eu seja inteiramente consagrado à Tua vontade para minha vida, a fim de fazer de boa vontade "todas as coisas sem murmurações nem contendas" para que eu venha a tornar-me como os "inocentes e inofensivos, filhos de Deus, sem repreensão, no meio de uma nação corrupta e perversa, entre a qual resplandeceis como luzes no mundo. Retendo a palavra da vida, para que possa gloriar-me no dia de Cristo, de não ter corrido em vão, nem trabalhado em vão" (Fp 2:14-16).

Capítulo 6

ESPÍRITOS QUE TRAZEM MALDIÇÕES DE ESTUPRO E DE ABUSO SEXUAL

Ora, enquanto eles alegravam os seus corações, eis que os homens da cidade, certos filhos de Belial, cercaram a casa ao redor, e bateram na porta, e falaram com o senhor da casa, o senhor idoso, dizendo: Traz para fora o homem que entrou na tua casa, para que possamos conhecê-lo. E o homem, o senhor da casa, saiu até eles e lhes disse: Não, meus irmãos, não, eu insisto convosco; não procedei assim impiamente; vendo que este homem veio à minha casa, não façais esta loucura. Vede, aqui está a minha filha, uma virgem, e a sua concubina; estas eu trarei agora para fora, e podeis humilhá-las, e com elas fazer o que lhes parecer bom; mas não façais tamanha vileza a este homem. Os homens, porém, não quiseram atentar a ele; assim, o homem pegou a sua concubina e colocou-a para fora junto a eles; e eles a conheceram, e dela abusaram a noite toda até a manhã; e quando o dia começou a raiar, eles a deixaram partir.

Juízes 19:22-25

A nova versão internacional diz: "eles a violentaram e abusaram dela a noite toda". Este é um dos atos mais *vis* retratados na Palavra de Deus. Os "filhos de Belial" estupraram a concubina até o dia seguinte. Conforme continuamos a ler até o final do capítulo, descobrimos que a concubina veio a *falecer* por causa destes atos vis cometidos contra ela. Ela foi literalmente *estuprada até a morte.*

> *Então, ao alvorecer do dia, a mulher chegou e caiu junto à porta da casa do homem, onde o seu senhor estava, até que houve luz. E o seu senhor se levantou pela manhã, a abriu as portas da casa, e saiu para tomar o seu caminho; e eis que a mulher, a sua concubina, estava caída à porta da casa, e as suas mãos estavam sobre a soleira. E ele lhe disse: Levanta-te, e vamo-nos. Porém, não houve resposta. Então o homem a colocou sobre um jumento, e o homem se ergueu, e seguiu para o seu lugar.*
>
> Juízes 19:26-28

A versão da Bíblia King James diz: "Porém, não houve resposta" (pois ela estava morta). O que acontece depois é muito forte:

> *E, quando ele havia chegado à sua casa, pegou uma faca e usou-a na sua concubina, e a dividiu, junto com os seus ossos, em doze pedaços, e a enviou para todos os termos de Israel. E foi assim que, todos os que viram isto disseram: Nunca se fez ou viu algo assim desde o dia em que os filhos de Israel saíram da terra do Egito até o dia de hoje; considerai-o, tomai conselho e falem o que pensam.*
>
> Juízes 19:29-30

A Bíblia King James diz: "Nunca se fez ou viu algo assim desde o dia em que os filhos de Israel saíram da terra do Egito até o dia de hoje".

Este ato abominável causou uma guerra civil em Israel.

> *E peguei a minha concubina, e a cortei em pedaços, e a enviei para todas as partes da região da herança de Israel, pois indignidade e loucura foram cometidas em Israel.*
>
> Juízes 20:6

A Palavra de Deus chama este ato de "lascivo". O dicionário define lascívia como "maldade, impiedade, sexualmente impuro ou desenfreado, obsceno, libidinoso". A palavra obsceno significa "repugnante aos sentidos, repulsivo". Portanto, Belial faz com que o homem cometa atos vis e obscenos.

Outras ações dos espíritos que operam sob o poder de Belial incluem o estupro e o abuso sexual. A concubina foi estuprada e abusada até a morte. A proliferação do estupro e do abuso sexual, incluindo incesto e sodomia, é resultado do espírito perverso de Belial.

Tenho ministrado para milhares de mulheres e homens que foram vítimas do abuso sexual quando crianças. Também tenho expulsado espíritos de morte que vêm durante a violação. Quando alguém é violentado desta maneira, é como se a morte entrasse na alma da pessoa que foi violentada.

Hoje, a maldição do abuso sexual é crescente em nossa nação. Estes espíritos imundos são a obra do rei da iniquidade, Belial.

Assim, todos os homens de Israel se reuniram contra a cidade, unidos como um só homem. E todas as tribos de Israel enviaram homens por toda a tribo de Benjamim, dizendo: Que iniquidade é esta que se fez entre vós? Agora, portanto, entregai-nos os homens, os filhos de Belial, que estão em Gibeá, para que possamos levá-los à morte, e lançar fora o mal de Israel. Entretanto, os filhos de Benjamim não quiseram atentar à voz dos seus irmãos, os filhos de Israel.

Juízes 20:11-13

As tribos de Israel ficaram com tanta repulsa daquele ato de estupro em massa que se uniram contra a cidade de Gibeá e buscaram os culpados daquele ato. Eles decidiram matar os culpados.

Há muitas controvérsias hoje na América a respeito da pena de morte. Muitos liberais nos EUA acham que é um método cruel que precisa ser excluído da lei. Porém, na Palavra de Deus, havia pecados que eram abomináveis o bastante para merecerem a pena de morte. Este livro não está debatendo os prós e contras da pena de morte, mas basta dizer que este assunto é encontrado na Palavra de Deus.

O *espírito de Belial* deseja que nós toleremos estes atos vis em nossa nação. Mas há pecados que são tão vis e abomináveis que despertam a indignação moral na maioria das pessoas, salvas ou não. Os espíritos abomináveis trabalham para Belial amaldiçoando as pessoas, incluindo espíritos de estupro, de incesto, de molestação, de abuso sexual, de impureza sexual, de sujeira, de imundície, de lascívia, de sodomia e de obscenidade.

ORAÇÕES

ABOMINAÇÕES

Pai, Tua Palavra instrui: "Não te deitarás com o homem, como se fosse mulher: isto é uma abominação" (Lv 18:22). Revele o abominável pecado da homossexualidade no mundo, Senhor, e faça com que Teu povo se arrependa.

Senhor, Tua Palavra revela uma lista de perversões sexuais abomináveis que serão julgadas por Ti. Muitas destas coisas são vistas em nossa nação hoje. Elas incluem o fato de que "nenhum de vós se aproximará de qualquer parente para descobrir a sua nudez". Neste aviso estão incluídos os parentes: pai, mãe, a esposa do pai, irmã, a filha de meu pai, a filha de minha mãe, o filho da filha, a filha da filha, a filha da esposa do pai, a irmã do pai, a irmã da mãe, o irmão do pai, a esposa dele, enteada, o irmão da esposa, uma mulher e sua filha, a filha do filho dela, e a filha da filha dela (Lv 18:6-19).

Senhor, é a Tua instrução que um homem não esteja envolvido sexualmente com a mulher do vizinho, ou uma mulher com o marido da vizinha (Lv 18:20).

Pai, Tu deste claras instruções a respeito de que nenhuma pessoa deve entregar seu filho ou filha como sacrifício a falsos ídolos ou em rituais de idolatria (Lv 18:21). Pai, perdoe o mundo por sacrificar milhões de crianças não nascidas anualmente no altar do aborto.

Deus, é uma abominação para Ti que um homem ou mulher acasale com qualquer animal. Tua Palavra chama isto de "depravação" (Lv 18:23).

Pai, Tu disseste que a nação que permite estas abominações é pecaminosa, e prometeu expulsá-la. Tu verás iniquidade sobre esta nação até que a terra vomite seus habitantes (Lv 18:27-28).

Deus, Tua Palavra declara: "Pois qualquer que cometer alguma dessas abominações, as almas que as cometerem, serão cortadas entre o seu povo" (Lv 18:29). Deus, leve o mundo ao arrependimento pelas suas depravações sexuais e pecados. Redima Teu povo e nos salve.

Senhor, há seis coisas que Tu odeias e a sétima é abominação diante de Ti (Pv 6:16-20):

- Olhos altivos;
- Língua mentirosa;
- Mãos que derramam sangue inocente;
- Coração que traça planos perversos;
- Pés que se apressam para fazer o mal;
- A testemunha falsa que espalha mentiras;
- Aquele que provoca discórdia entre irmãos.

TRAVESTISMO

Pai, Tua Palavra declara: "A mulher não vestirá aquilo que pertence a um homem, e um homem não vestirá a veste de uma mulher; porque todos os que fazem isso são uma abominação para o SENHOR teu Deus" (Dt 22:5).

PROSTITUIÇÃO

Pai, Tu dizes: "Não trarás o salário de uma prostituta, nem o preço de um cão, à casa do SENHOR teu Deus por algum voto, porque essas duas coisas são abominações para o SENHOR teu Deus" (Dt 23:18).

IMPUREZA SEXUAL NA IGREJA

Pai, assim como Tu admoestaste os filhos de Israel que Tu os rejeitarias e abandonarias por permitirem impureza sexual e idolatria no templo, tu admoestas nossos templos também. Tu declaras: "os filhos de Judá fizeram o mal a minha vista, diz o SENHOR. Eles colocaram as suas abominações na casa sobre a qual é invocado o meu nome" (Jr 7:30).

Pai, assim como na Bíblia, a impureza sexual nas igrejas de hoje está sendo exposta e revelada pela terra. Deus está dizendo a nosso país, assim como disse a Israel: "Este é teu quinhão, a porção que te é medida por mim (...), porque tu esqueceste de mim, e confiaste em falsidade. Portanto descobrirei as tuas saias até a tua face, para que tua vergonha possa surgir. Eu vi os teus adultérios, e os teus relinchos, a luxúria da tua prostituição, e tuas abominações sobre as colinas nos campos. Ai de ti, ó Jerusalém! Não te purificarás? Quando será isto?" (Jr 13:25-27). Pai, chame a nosso país ao arrependimento, e perdoe nossa terra pela crescente imoralidade sexual, até mesmo em Tua igreja.

Pai, faça com que Teu povo se atente ao Teu aviso, que afirma: "Mas, quando o justo se afasta da sua justiça e comete a iniquidade, e faz de acordo com as abominações que o homem perverso faz, ele viverá? Todas as suas justiças que ele fez não serão mencionadas; em sua transgressão que ele transgrediu, e em seu pecado que ele pecou, neles ele morrerá" (Ez 18:24). Que nós possamos reconhecer o perigo de permitir que a impureza se infiltre em Tua igreja, e que possamos nos desviar dos caminhos perversos.

Deus, Tu deste ao Teu profeta Ezequiel uma dura mensagem, e a verdade de Tuas palavras deve ser entendida pelo Teu povo hoje, pois o nosso país é tão pecador quanto Israel. Tua admoestação é forte e assustadora: "Portanto, dize-lhes: Assim diz o Senhor Deus: Comeis com o sangue, e levantais os vossos olhos em direção aos seus ídolos, e derramais o sangue! E possuireis a terra? Sobre a vossa espada vos permaneceis, maquinais abominação, e contaminais cada um a esposa de seu vizinho; e possuireis a terra? Dirás tu a eles: Assim diz o Senhor Deus: Como eu vivo, certamente aqueles que estão nos desertos cairão à espada, e o que estiver em campo aberto eu o entregarei aos animais, para ser devorado, e aqueles que estiverem nos fortes e nas cavernas morrerão de peste. Porque eu deixarei a terra mais assolada, e a pompa da sua força cessará; e os montes de Israel ficarão assoladas, que ninguém passará por elas. Então, eles saberão que eu sou o SENHOR, quando eu tiver deixado a terra mais assolada, por causa de todas suas abominações que cometeram" (Ez 33:25-29). Pai, ouça nossa súplica e poupe nossa terra!

Pai, que nós evitemos as consequências horríveis do pecado que nos são mostrados através do exemplo dos romanos. Tua Palavra nos diz: "Porque a circuncisão é verdadeiramente proveitosa se tu guardares a lei; mas se tu és transgressor da lei, a tua circuncisão se torna em incircuncisão. Portanto, se o incircunciso guardar a justiça da lei, não será sua incircuncisão julgada como circuncisão? E se a incircuncisão que é por natureza, cumpre a lei, julgar-te-á a ti, que pela letra e circuncisão és transgressor da lei? Porque não é judeu o que o é exteriormente, nem é esta circuncisão, que é exteriormente na carne. Mas é judeu o que o é no interior, e a circuncisão é a do coração, pelo espírito, e não pela letra; cujo louvor não é de homens, mas de Deus" (Rm 2:25-29).

Pai, que as pessoas do nosso país escutem Tuas claras instruções: "Mortificai, portanto, os vossos membros que estão sobre a terra: a fornicação, a impureza, a afeição desordenada, a vil concupiscência e a avareza, que é idolatria" (Cl 3:5). Salve nossa nação, Senhor, e nos chame ao arrependimento.

Senhor, Tu nos alertaste claramente: "Portanto, rejeitando toda a imundície e superfluidade de malícia, recebei com mansidão a palavra em vós enxertada, a qual pode salvar as vossas almas" (Tg 1:21). Livra-nos da impureza sexual e da luxúria, e que Tua Palavra seja firmemente plantada em nossos corações e vidas, para que possamos ser salvos.

CAPÍTULO 7

MALDIÇÕES DE PORNOGRAFIA E PEDOFILIA

Não porei coisa maligna diante dos meus olhos. Eu odeio a obra daqueles que se desviam; não me contaminará.

Salmos 101:3

A VERSÃO DA BÍBLIA KING JAMES diz: "não porei coisa maligna diante dos meus olhos". Isto mostra a atitude e aversão que nós, como povo de Deus, devemos ter contra qualquer coisa de Belial. Nós devemos resistir e abominar qualquer baixaria, imoralidade, indignidade, impureza, depravação, iniquidade, impiedade ou infâmia.

Devemos abominar aquilo que é maligno e ser fiel ao que é bom. *Abominar* é uma palavra forte. Significa "encarar com extrema repugnância, desprezar; deixar de lado ou se afastar de, especialmente com desdém ou medo; rejeitar, odiar".

Este versículo pode se aplicar ao crescimento da pornografia nos dia de hoje e da imundície sexual que Belial está espalhando em nossa nação. Uma das formas mais vis de pornografia é a "pornografia infantil", um negócio assustador sustentado por pedófilos. *Pedofilia* é a perversão sexual em que crianças são os objetos sexuais de preferência.

Muitos estados têm leis contra a obscenidade que são contestadas por aqueles que sentem como se o governo não fornecesse nenhuma restrição contra a pedofilia. *Obscenidade* é definida como "estado de ser obsceno". *Obsceno* significa "repugnante aos sentidos, repulsivo, abominável em moralidade ou virtude".

A pornografia abre a porta para uma tropa de espíritos malignos de luxúria e perversão. Há também uma conexão entre a pornografia e o estupro em alguns estudos. Acredito que Belial seja um espírito supremo entre os espíritos da pornografia, prostituição e outros espíritos sexuais.

A impureza sexual é outro forte espírito que está sob o controle de Belial, incluindo espíritos de homossexualidade e lesbianismo (perversão). Se este espírito pode perverter a moral de uma nação através da imoralidade sexual, ele também pode trazer o juízo e a maldição do Senhor sobre esta nação.

ORAÇÕES

Senhor, Tua Palavra descreve as ações de um molestador de crianças como sendo um "perverso no seu orgulho" que "se assenta nos lugares de espreita das aldeias; nos lugares secretos assassina o inocente". Tu descreve esta pessoa iníqua que "fica à espreita secretamente como um leão na sua cova; ele fica à espreita para pegar o pobre; quando ele o arrasta para a sua rede" (Sl 10:2, 8-10). Proteja as crianças de tais perversidades, Senhor, e faça Teu julgamento recair sobre esses predadores iníquos.

Pai, nossa nação está cheia das impurezas e perversidades dos homens e mulheres que fazem apenas "aquilo que era certo aos seus próprios olhos" (Jz 17:6). Revele a Tua justiça, Senhor, e faça com que levantemos nossos "olhos para os montes" para pedir o socorro que "vem do SENHOR, que fez o céu e a terra" (Sl 121:1-3).

Pai, Tua Palavra nos diz que a perversidade começa em nossos olhos. É quando nós tiramos os olhos de Ti e os colocamos nas coisas mundanas que somos arrastados e seduzidos por nossa própria concupiscência (Tg 1:14).

A PROGRESSÃO DA PORNOGRAFIA

Pai, a pornografia é um mal traiçoeiro que começa com um primeiro olhar para alguém imodestamente vestido, e "cada homem é tentado, quando atraído e seduzido pela sua própria concupiscência. Depois, havendo a concupiscência concebido, gera o pecado; e o pecado, sendo consumado, gera a morte" (Tg 1:14-15).

Senhor, quando nos rendemos à tentação dos olhos, tal ato pecaminoso se torna um vício para nós, e nos tornamos "servos do pecado" (Jo 8:34). Quando a pornografia prende uma pessoa, essa pessoa se torna "servos da corrupção. Porque de quem o homem é vencido, pelo mesmo é trazido a cativeiro" (2Pe 2:19).

Senhor, que os que estão viciados na sedução pecaminosa da pornografia entendam que a Tua Palavra ensina: "Pode um homem tomar fogo em seu peito, e suas roupas não se queimarem? Pode alguém andar sobre as brasas e os seus pés não se queimarem?" (Pv 6:27-28). Revele as queimaduras da pornografia sobre as mentes das pessoas, e livre-as desta armadilha maligna.

Pai, remova a mancha da pornografia de Tua igreja. Ajude-nos a ouvir o clamor de Pedro, que admoesta-nos: "Mui amados, rogo-vos, como estrangeiros e peregrinos, que vos abstenhais das concupiscências carnais, que guerreiam contra a alma" (1Pe 2:11).

Senhor, livra-nos de um dia acreditarmos que um pouco de pecado um pouco de pornografia não nos fará mal. Se não dermos as costas para este pecado, Tu dirás claramente: "Eu nunca vos conheci; apartai-vos de mim, vós trabalhadores da iniquidade" (Mt 7:23).

Pai, todos os males da impureza sexual - incluindo a pornografia - nos tornam "impuros" aos Teus olhos. "O que sai do homem, isso contamina o homem. Porque do interior do coração dos homens, procedem maus pensamentos, adultérios, fornicações, assassinatos, roubos, cobiça, maldade, engano, lascívia, inveja, blasfêmia, soberba, insensatez; todas estas coisas más procedem de dentro e corrompem o homem" (Mc 7:20-23).

Senhor, os pecados da impureza sexual nos separarão de Ti, e Tu esconderás Tua face de nós e Te recusarás a ouvir-nos quando chamarmos (Is 59:2).

Pai, no fim, se continuarmos apegados a imagens e pensamentos pornográficos, seremos banidos de entrar no céu. "Os que praticam tais coisas não hão de herdar o reino de Deus" (Gl 5:21).

Deus, porque a pornografia pode se tornar um vício difícil de se libertar, devemos ativamente buscar a Tua Palavra e a Ti para quebrar a influência dela sobre nós. Tu dizes: "Sede sóbrios, sede vigilantes; porque o vosso adversário, o diabo, anda em derredor, como um leão que ruge, buscando a quem possa devorar" (1Pe 5:8).

Pai, Tu dizes em Tua Palavra que podemos manter nossas vidas puras "segundo a tua palavra". Ajude-nos a manter este compromisso: "Com todo o meu coração te busquei; Ó, não me deixes desviar dos teus mandamentos. Tua palavra eu tenho escondida no meu coração, para eu não pecar contra ti" (Sl 119:9-11).

Senhor, há uma maneira garantida para que eu viva livre da impureza sexual e da tentação do pecado da pornografia. Paulo relata como evitar o pecado quando diz: "Para conhecê-lo, e o poder da sua ressurreição, e a participação em seus sofrimentos, sendo feito conforme à sua morte; para ver se, de alguma maneira, eu possa chegar à ressurreição dos mortos. Não que já a tenha alcançado ou que seja perfeito; mas prossigo para alcançar aquilo para o que fui também alcançado por Cristo Jesus. Irmãos, não julgo que o haja alcançado; mas uma coisa faço, e é que, esquecendo-me das coisas que atrás ficam e avançando para as coisas que estão diante de mim, prossigo para o alvo, pelo prêmio da soberana vocação de Deus em Cristo Jesus. Por isso todos quantos já somos perfeitos, tenhamos este mesmo sentimento; e, se sentis alguma coisa de outra maneira, Deus deve revelar ainda esta a vós. Porém, naquilo a que já chegamos, andemos segundo a mesma regra e sintamos a mesma coisa" (Fp 3:10-16).

Pai, como agradeço a Ti por esta promessa: "Não vos tem sobrevindo tentação (provação que incita o pecado), [não importando de onde vem ou para onde leva] que não seja comum aos homens; [Ou seja, nenhuma tentação ou provação que vem a você está além da resistência humana ou não é ajustada, adaptada e pertencente à experiência humana, de tal forma que um homem possa suportá-la] mas Deus é fiel [à Sua Palavra e à Sua natureza misericordiosa], o qual [pode confiar] não permitirá que sejais tentados acima do que sois capazes; mas também com a tentação [sempre] fará um caminho para escapar (os meios para fugir para um lugar seguro), para que sejam capazes de suportá-la" (1Co 10:13).

Senhor, uma das grandes promessas de Tua Palavra é esta: "A minha graça é suficiente para ti, porque a minha força se aperfeiçoa na fraqueza. De boa vontade, pois, me gloriarei nas minhas fraquezas" (2Co 12:9). Com Teu poder, podemos viver livres da armadilha da pornografia.

MOLESTAÇÃO DE CRIANÇAS E PEDOFILIA

Pai, Tua Palavra conta a história horrível do estupro brutal que Amnom cometeu com sua meio-irmã,

Tamar (2Sm 13:1-22). Pelo pecado terrível, ele se tornou um pedófilo, destruiu a vida de Tamar e despertou ódio e aversão na família do rei Davi, o que causou rejeição, assassinatos e devastação. Pai, abra os olhos do mundo para a devastação que este repugnante pecado da pedofilia e molestação infantil tem causado. Chame-os ao arrependimento, e traga o Seu julgamento sobre aqueles que permanecem nos caminhos perversos.

Pai, Tu dissestes a qualquer um que ferir uma de suas crianças: "seria melhor para ele que pendurasse ao pescoço uma pedra de moinho, e que se afogasse no fundo do mar" (Mt 18:6). Milhões de Seus pequeninos têm sido violados pelo pecado da molestação. Nós clamamos a Ti por misericórdia e renovação de cada um deles, e comprometemos nossas vidas a fazer tudo o que pudermos para limpar o mundo desses pedófilos.

Pai, com as palavras mais fortes possíveis, Tu nos avisaste sobre os perigos do pecado dizendo: "Portanto, se a tua mão ou o teu pé te ofender, corta-o, e lança-o para longe de ti; é melhor para ti entrar na vida coxo ou aleijado, do que, tendo duas mãos ou dois pés, seres lançado no fogo eterno. E, se o teu olho te ofender, arranca-o, e lança-o para longe de ti; é melhor para ti entrar na vida com um olho só, do que, tendo dois olhos, seres lançado no fogo do inferno" (Mt 18:8-9). Tu deste este aviso para alertar aqueles que ferem as crianças. Ajude-nos a entender a profundidade do Teu amor pelas crianças e a fazer tudo o que pudermos para protegê-las.

AS CRIANÇAS SÃO OS MELHORES PRESENTES DE DEUS

Ensina-nos a valorizar a criança assim como Tu fazes, Senhor. Tu disseste: "Eis que os filhos são herança do SENHOR, e o fruto do útero é a sua recompensa. Como as flechas estão na mão de um homem poderoso, assim são os filhos na juventude. Feliz é o homem que tem sua aljava cheia deles; eles não serão envergonhados, mas falarão com os inimigos no portão" (Sl 127:3-5).

Pai, Tu demonstraste Teu amor pelas crianças quando as pessoas se amontoavam em volta de Ti com seus bebês na esperança de que os abençoasse. Quando os discípulos viram, eles tentaram afastar os pais. Mas tu os chamaste de volta e disseste: "Deixai vir a mim as criancinhas, e não as proibais; porque das tais é o reino de Deus. Verdadeiramente eu vos digo: Qualquer que não receber o reino de Deus como uma criancinha de forma alguma entrará nele" (Lc 18:16-17). Ensina-me a viver para Ti na simplicidade da infância e a proteger Tuas crianças do mal.

Capítulo 8

AMALDIÇOADO PELA INIQUIDADE E REBELIÃO

Há um que saiu de ti, e que maquinou o mal contra o SENHOR, um conselheiro perverso.

Naum, 1:11

A palavra diz: "Há um que saiu de ti, e que maquinou o mal contra o SENHOR, um conselheiro perverso". Naum está professando um julgamento contra Nínive e o Império Assírio. O rei de Assíria estava conspirando contra o Senhor. Uma tradução diz: "Quem de vocês é o rei que ousa conspirar contra o senhor?"

Este é o espírito do *anticristo*. Salmos 2:2-3 diz: "Os reis da terra se posicionam, e os governantes tomam conselhos juntos, contra o SENHOR e contra o seu ungido, dizendo: Rompamos as suas ataduras em partes, e lancemos longe de nós as suas cordas"

Aí está. O objetivo final de Belial é *livrar-se da coerção*. A igreja é uma força coercitiva na Terra contra a impureza e a impiedade, que Belial deseja espalhar sobre a Terra.

A Bíblia diz: "Rompamos as suas ataduras em partes, e lancemos longe de nós as suas cordas". Estes "reis da terra" são espíritos de *iniquidade* e *rebelião*. Se não há lei, as pessoas se tornam selvagens.

Todo o sistema judiciário de nosso país foi fundado na ética do Cristianismo-Judaísmo, encontrada na Bíblia. Em outras palavras, a Bíblia é a base de nosso sistema legal. Uma sociedade que rejeita a Bíblia e sua autoridade moral eventualmente terá problemas com seu sistema judiciário. Belial odeia o poder coercitivo da Bíblia, do Espírito Santo e da igreja. Por isso ele os ataca tão ferozmente.

Belial deseja que a imoralidade e a impiedade reinem sem qualquer restrição. Ele é responsável pelo ataque aos sistemas judiciários que vemos hoje no mundo. Leis contra homossexualidade, lesbianismo e adultério, que eram uma parte do código civil em alguns países, estão agora sendo removidas.

Os homossexuais acreditam que têm o direito de viver estilos de vida ímpios. Muitos estão gritando: "Deixe-me em paz e me deixe fazer o que eu quiser. Não quero ninguém pregando e me dizendo o que é certo ou errado". Outros afirmam: "Dai-nos a separação da igreja e da condição dela. Façam orações fora das escolas". Tudo isso é uma tentativa de livrar-se da coerção.

ORAÇÕES

COERÇÃO

Pai, uma minoria fiel e piedosa em nosso país está começando a se sentir como Jó, quando foi perseguido e zombado. As palavras dele descrevem nossos sentimentos: "Eles eram filhos de tolos, sim, filhos de homens da base; eram mais vis do que a terra. E agora eu sou a sua canção, sim, eu sou o seu motivo de riso. Eles me abominam, fogem para longe de mim, e não se poupam em cuspir na minha face. Porque ele afrouxou sua corda, e me afligiu, eles também soltaram o freio [sem restrições] diante de mim. À minha mão direita levanta-se a juventude; eles empurram meus pés para longe, e levantam contra mim os caminhos de sua destruição [como o exército que avança]" (Jó 30:8-12). Pai, nos resgate como fizeste com Jó, e restaure a coerção e impiedade em nosso país.

Senhor, Tua Palavra identifica claramente a razão pela qual nosso país está caindo na impiedade e imoralidade. Tu dizes: "Onde não há visão profética (não há visão, [Um país sem a orientação]), o povo perece; mas aquele que guarda a lei; esse é feliz" (Pv 29:18). Esta nação tem abandonado as restrições de Tua Palavra por seus próprios planos liberais. Tende misericórdia do nosso país, Senhor, e nos restabeleça em Tuas leis.

Pai, Tua Palavra nos diz o que aconteceu quando as pessoas em Israel abandonaram Teus caminhos: "Ouvi a palavra do SENHOR, vós filhos de Israel, pois o SENHOR tem uma controvérsia com os habitantes da terra; porque não há verdade, nem misericórdia, nem conhecimento de Deus na terra.

Quando juram, mentem, matam, e roubam, e cometem adultério, eles cometem violência, e sangue toca sangue. Por isso, a terra se lamentará, e todos os que nela habitam desfalecerão, com os animais do campo e com as aves do céu; sim, e também os peixes do mar serão tirados" (Os 4:1-3). E Tu disseste aos sacerdotes e profetas: "Todavia, ninguém contenda, nem reprova o outro, pois o teu povo é como os que contendem com o sacerdote. Por isso, cairás de dia, e o profeta também cairá contigo de noite; e destruirei a tua mãe. O meu povo foi destruído por falta de conhecimento; porque tu rejeitaste o conhecimento, também eu te rejeitarei, para que tu não sejas sacerdote diante de mim; visto que te esqueceste da lei do teu Deus, também eu me esquecerei de teus filhos. Como eles se multiplicaram, assim pecaram contra mim; portanto eu mudarei a sua glória em vergonha. Eles se alimentam dos pecados do meu povo, e colocam o seu coração em sua iniquidade. Por isso, tal como o povo, assim é o sacerdote; e os punirei por causa de seus caminhos, e lhes darei a recompensa das suas obras. Pois eles comerão, mas não se fartarão; se prostituirão, mas não se multiplicarão; porque deixaram de atentar ao SENHOR" (v.4-10). Esta situação parece com a do mundo nos dia de hoje, Pai. Perdoe Teus líderes Cristãos por virarem as costas para Tua revelação e redima Tua igreja para que possamos liderar o nosso país em justiça.

REBELIÃO

Pai, Tua Palavra revela o desapontamento de Moisés com os levitas – líderes espirituais de Israel. Quando ele estava prestes a morrer, reuniu os levitas e disse-lhes: "Tomai este livro da lei e ponde-o ao lado da arca do pacto do SENHOR vosso Deus, para que ali esteja por testemunha contra ti. Porque eu conheço a tua rebelião, e a tua arrogância; eis que, vivendo eu ainda hoje convosco, fostes rebeldes contra o SENHOR; e quanto mais, depois da minha morte? Congregai-me todos os anciãos de vossas tribos, e os vossos oficiais, para que eu possa falar estas palavras aos seus ouvidos, e chamar céus e terra para que façam registro contra eles. Porque sei que depois da minha morte, vos corrompereis completamente, e vos afastareis do caminho que vos ordenei; e nos últimos dias o mal vos virá; porque fareis mal aos olhos do SENHOR, para provocá-lo à ira, pela obra das vossas mãos" (Dt 31:26-29). As palavras dele descrevem uma tropa de líderes espirituais, Senhor. Ajude-me a continuar servindo a Ti com um coração justo e piedoso, e proteja-me de cometer falhas, como os outros cometeram.

Pai, quando Saul se tornou orgulhoso e ar rogante por ter desobedecido a Ti, Tu enviaste Samuel pra dizer a ele: "Tem o SENHOR um deleite maior nas ofertas queimadas e sacrifícios do que na obediência à voz do SENHOR? Eis que o obedecer é melhor do que o sacrificar, e o sujeitar-se do que a gordura de carneiros. Pois a rebelião é como o pecado da feitiçaria, e a teimosia é como a iniquidade e idolatria. Como rejeitaste a palavra do SENHOR, Ele também rejeitou a ti como rei" (1Sm 15:22-23). Guarde-me de ser rebelde, orgulhoso e desobediente a Ti, Pai. Que Tu nunca precises dizer a mim: "Lamento ter dado a você o ministério, porque em seu orgulho você falhou na obediência a Mim".

Pai, depois que os filhos de Israel vagaram durante quarenta anos no deserto, Tu os confrontaste em suas rebeliões e disseste: "Entende, portanto, que não é pela tua justiça que o SENHOR teu Deus te dá esta boa terra para possuí-la, pois tu és um povo obstinado. Lembra-te, e não te esqueças como provocaste à ira ao SENHOR teu Deus no deserto; desde o dia em que deixastes a terra do Egito, até que chegastes a este lugar, fostes rebeldes contra o SENHOR" (Dt 9:6-7). Assim como Moisés implorou que Tu tivesses misericórdia do povo e não os destruísse, eu peço a Ti, Pai, que perdoe o nosso país por suas rebeliões e pecados, e peço que salve esta nação da destruição.

Senhor, Tu determinaste alta prioridade à obediência. Tu és um "pai para os órfãos" e "defensor das viúvas". Tu és o "lar dos solitários" e a libertação dos "presos para a prosperidade". Mas "os rebeldes habitam em terra seca" (Sl 68:6).

Pai, em Tua Palavra, Tu sempre estendestes a Tua misericórdia e graça aos rebeldes israelitas. Quando eles viraram as costas para Ti, Tu os perdoaste e restauraste em Teu favor. Tu disseste a ele: "Em retornar e descansar vós sereis salvos. Na quietude e na confiança estarão vossa força. E vós não quisestes" (Is 30:15). O Senhor esperará, para ter misericórdia de vós; e por isso se levantará, para se compadecer de vós, porque o Senhor é um Deus de equidade (v.18). Pai, pedimos a Ti que sejas paciente e espere que o mundo se volte para Ti. Mostre-nos Tua graça e misericórdia, Pai, para que retornemos em obediência para Te servir.

MAUS PENSAMENTOS

Senhor, Paulo admoesta aqueles que se afastam de Ti: "Porquanto, tendo conhecido a Deus, não o glorificaram como Deus, nem foram agradecidos, mas se tornaram vãos em suas imaginações, e o seu coração insensato se obscureceu. Professando-se sábios, tornaram-se loucos" (Rm 1:21-22). Muitas pessoas em Teu mundo hoje têm ideias tolas em relação a Ti, e como resultado, têm mentes que se tornam escuras e confusas. Elas professam ser parte de uma "nova era", mas parecem tolas. Senhor, erga um exército piedoso para guardar estes tolos da confusão, afastando outros para longe de Ti. Mova-se pelo Teu Espírito Santo para destruir a influência desses que declaram saber mais que o Senhor.

Senhor, faça de nós um forte e corajoso exército espiritual em nosso país. "Porque, embora andando na carne, não guerreamos segundo a carne; (porque as armas da nossa milícia não são carnais, mas poderosas em Deus para a destruição das fortalezas); destruindo imaginações, e toda a altivez que se exalta contra o conhecimento de Deus, e levando cativo todo o pensamento à obediência de Cristo" (2Co 10:3-5).

MAL

Senhor, "tu não és um Deus que tenha prazer na perversidade, nem o mal habitará contigo. Os tolos não ficarão à tua vista; tu odeias a todos os trabalhadores da iniquidade" (Sl 5:4-5).

Senhor, Tu disseste a Teus seguidores: "Afasta-te do mal, e faz o bem; busca a paz, e persegue-a" (Sl 34:14). Eu me comprometo a viver buscando Tuas instruções, Senhor.

Pai, Tu disseste a Teus seguidores: "Não te indignes por causa dos que fazem o mal, nem tenha inveja dos trabalhadores da iniquidade. Porque eles logo serão cortados fora como a grama, e murcharão como a erva verde" (Sl 37:1-2).

Pai, permanecerei na Tua presença e esperarei pacientemente a Tua obra. Não me preocuparei com as más pessoas que prosperam, e não temerei os seus regimes ímpios (Sl 37:7).

Pai, sou tão agradecido pela Tua Palavra, que promete: "Um pouco que o homem justo tem é melhor do que as riquezas de muitos perversos. Porque os braços dos perversos serão quebrados; mas o SENHOR sustém os justos. O SENHOR conhece os dias dos retos, e sua herança será para sempre. Eles não serão envergonhados no tempo mal, e nos dias da fome eles serão satisfeitos. Mas os perversos perecerão, e os inimigos do SENHOR serão como a gordura dos cordeiros; eles serão consumidos; na fumaça serão totalmente consumidos" (Sl 37:16-20).

Pai, eu obedecerei Tua Palavra que diz: "Afasta-te do mal e faz o bem, e habitarás para sempre. Porque o SENHOR ama o juízo, e não abandona os seus santos" (Sl 37:27-28).

Senhor, "O perverso observa o justo, e busca matá-lo. O SENHOR não o deixará em sua mão, nem o condenará quando for julgado" (Sl 37:32-33).

Pai, assim como o salmista Davi, eu vejo o mal em nossa terra, e sei que Tu farás com que os planos dos malfeitores fracassem. Assim como Davi, digo aos malfeitores: "Por que te vanglorias com o dano, ó poderoso homem? A bondade de Deus perdura continuamente. Tua língua intenta danos, como uma navalha afiada, trabalhando enganosamente. Tu amas o mal mais do que o bem, e mentir mais do que falar a justiça. Selá. Tu amas todas as palavras devoradoras, ó tu, língua enganosa. Deus, da mesma forma, te destruirá para sempre, ele te removerá e te arrancará da tua habitação, e desarraigar-te-á da terra dos vivos. Selá. Os justos também verão, temerão, e se rirão dele. Eis que este é o homem que não fez de Deus a sua força, mas confiou na abundância das suas riquezas, e se fortaleceu em sua perversidade" (Sl 52:1-7).

Senhor, às vezes, parece que os planos malignos e os esquemas de homens e mulheres que vivem impiamente sucederão, e Teus filhos sofrerão por causa deles. Mas eu me comprometo a levar a Tua Palavra adiante. Conforme Salmos 91, eu irei:

1. Habitar no abrigo do Altíssimo e descansar à sombra do Todo-poderoso;
2. Dizer ao Senhor: Tu és o meu refúgio e a minha fortaleza;
3. Crer que Tu és o meu Deus, em quem confio;
4. Confiar que Tu me livrarás do laço do caçador e do veneno mortal;
5. Cobrir-me com as Tuas penas, e sob as Tuas asas encontrar refúgio;
6. Não temer o pavor da noite, nem a flecha que voa de dia;
7. Não temer nem a peste que se move sorrateira nas trevas, nem a praga que devasta ao meio-dia;
8. Saber que mil poderão cair ao meu lado, dez mil à minha direita, mas nada me atingirá;
9. Ver o castigo dos ímpios;
10. Saber que nenhum mal me atingirá, e desgraça alguma chegará à minha tenda;
11. Crer que Tu darás ordens aos Teus anjos, para que me protejam em todos os caminhos;
12. Declarar que pisarei o leão e a cobra; pisotearei o leão forte e a serpente;
13. Estar a salvo porque eu Te amo e Te sirvo;

14. Clamar a Ti e terei resposta, e na adversidade estarás comigo, me livrarás e me cobrirás de honra;

15. Ter vida longa para que Tu me mostres a Tua salvação.

Pai, algumas vezes líderes injustos dizem audaciosamente que Deus está do lado deles, ainda que sejam líderes que permitam injustiças. Eles conspiram contra a justiça e condenam o inocente à morte através de suas leis e regulamentações injustas. Mas quando isso acontece, Tu és minha fortaleza e a rocha poderosa em que me firmo. Tu prometeste jogar os pecados deles contra si mesmos e destruí-los da maneira que planejaram destruir Teus filhos (Sl 94:20-23).

Pai, nestes dias em que parece que homens e leis ímpias estão destruindo a vida e as bases piedosas em que esta nação foi fundamentada, Tua Palavra traz coragem e força para Teu povo. Nela, Tu prometeste que "sua semente será poderosa sobre a terra; a geração dos retos será abençoada". Teu povo possuirá riquezas, e boas ações permanecerão para sempre. "Sobre o reto levanta-se a luz nas trevas; ele é gracioso, e cheio de compaixão e justo". Teu povo será "generoso, compassivo e justo". O bem chegará para aquele que doam generosamente e conduzem honestamente os negócios. Não seremos corrompidos pelo mal. Por confiarmos em Teus cuidados, seremos destemidos, e encararemos nossos inimigos triunfantemente. Teremos influência e honra, e quando os ímpios virem isso, ficarão furiosos. Eles irão ranger os dentes na ira e fugirão quando suas esperanças se frustrarem (Sl 112).

Pai, Tu prometeste: "Mas quem me ouvir, habitará em segurança, e estará em paz em relação ao medo do mal" (Pv 1:33).

Pai, Tu avisaste a Teus filhos: "Não entres pela vereda dos ímpios, nem vá pelo caminho dos homens maus" (Pv 4:14).

Pai, Tua Palavra aconselhou Teus filhos: "Não te vires nem para a direita nem para a esquerda, remove o teu pé do mal" (Pv 4:27).

Pai, Tua Palavra promete: "Nenhum mal acontecerá ao justo, mas o perverso será cheio de danos" (Pv 12:21).

Pai, "o homem sábio teme, e aparta-se do mal, mas o tolo se enfurece, e é confiante" (Pv 14:16).

Pai, ajude-me a considerar cuidadosamente o que digo e a ter certeza de que minhas respostas são piedosas e verdadeiras. Tu disseste: "O coração do justo medita para responder, mas a boca dos perversos derrama coisas más" (Pv 15:28).

ORAÇÃO CONTRA O MAL

"Livra-me, ó SENHOR, do homem mau; preserva-me do homem violento. Que imaginam danos em seu coração; continuamente estão reunidos para a guerra. Eles afiaram suas línguas como uma serpente; o veneno das víboras está debaixo dos seus lábios. Selá. Guarda-me, ó SENHOR, das mãos do perverso; preserva-me do homem violento; que se propôs a prejudicar as minhas idas. Os orgulhosos esconderam um laço para mim, e cordas; eles esticaram uma rede ao longo do caminho; prepararam armadilhas para mim. Selá. Eu disse ao SENHOR: Tu és meu Deus; ouve a voz das minhas súplicas, ó SENHOR. Ó Deus, o Senhor, a força da minha salvação, tu cobriste a minha cabeça no dia da batalha. Não concedas os desejos dos perversos, ó SENHOR; não promovas seus artifícios perversos; para que eles não se exaltem. Selá. Quanto à cabeça daqueles que me cercam, cubra-os o dano dos seus próprios lábios. Caiam sobre eles brasas ardentes; sejam lançados ao fogo, em covas profundas, para que eles não se levantem novamente. Não permitas que um maldoso orador se estabeleça na terra; o mal caçará o homem violento para derrubá-lo. Eu sei que o SENHOR manterá a causa do aflito, e o direito do pobre. Certamente o justo dará graças ao teu nome; o reto habitará na tua presença" (Sl 140).

CAPÍTULO 9

A MALDIÇÃO DAS AMARRAS DO INIMIGO

Não estejais unidos em jugo desigual com incrédulos, pois que companheirismo tem a justiça com a injustiça? E que comunhão tem a luz com as trevas? E que harmonia há entre Cristo e Belial? Ou que parte tem o crente com o infiel?

2 Coríntios 6:14-15

QUANDO HÁ UM jugo desigual entre cristãos e não cristãos, chamamos isto de *amarras do inimigo*. Quebrar as amarras do inimigo é a chave para a libertação. Associar-se a ímpios permite que espíritos malignos entrem em nossa vida. Se Belial não pode controlar você diretamente, ele lhe influenciará através da sua associação com os ímpios.

Associar-se às pessoas erradas pode fazer com que você receba a *transferência de espíritos malignos*. Um dos segredos para se libertar do controle de Belial é quebrar toda e qualquer amarra espiritual maligna e obedecer à Palavra de Deus, que diz: "Não estejais unidos em jugo desigual com incrédulos, pois que companheirismo tem a justiça com a injustiça? E que comunhão tem a luz com as trevas? E que harmonia há entre Cristo e Belial? Ou que parte tem o crente com o infiel?" (2Co 6:14-15). A Bíblia diz: "Não estejais unidos em jugo desigual com incrédulos" [não faça alianças com eles ou tenha um jugo desigual com eles, que seja inconsistente à sua fé].

Esta é a única vez que o nome de Belial é mencionado no Novo Testamento. Acredito que o Espírito de Deus escolheu esta palavra para revelar um espírito com o qual a igreja *não deve, de maneira nenhuma*, ter companheirismo.

O versículo 15 liga Belial à iniquidade, às trevas, à infidelidade e à idolatria. A primeira referência a Belial na Palavra de Deus o liga à *idolatria*. Os coríntios foram salvos de um estilo de vida idólatra.

Como já dito antes, acredito que Belial é um espírito do Fim dos Tempos que será um inimigo da igreja. Nós devemos nos separar de toda imundície e impureza que está associada a este espírito.

A igreja de Corinto também teve um problema com a carnalidade. Havia contenda, inveja, discórdia, impureza sexual, e até mesmo a embriaguez acontecia na igreja. O apóstolo Paulo escreveu a carta a Corinto para corrigir estes problemas e colocar as coisas em ordem.

UMA TORRENTE DE INIQUIDADE

Quando as ondas da morte me envolveram, as enchentes dos ímpios me fizeram temeroso.

2 Samuel 22:5

A tradução literal deste verso diz: "... as torrentes de Belial". Este versículo é uma parte de um cântico que Davi fez no dia que o Senhor o libertou das mãos de todos os seus inimigos e das mãos de Saul.

A Nova Versão Internacional diz: "as torrentes de destruição me aterrorizaram". Belial lançou uma torrente de iniquidade sobre nossa nação. A palavra *iniquidade* é definida como "negar a Deus ou ser desobediente a Ele: ímpio, irreligioso, contrário à lei moral, pecador, perverso".

Belial é responsável pela torrente de iniquidade manifestada em Hollywood, na televisão e na mídia em massa. Ele é responsável pela rebelião e desobediência a Deus. Este espírito amaldiçoou a muitos, tornando-os ímpios e irreligiosos.

O resultado da influência de Belial é: não ter respeito ou temor algum por Deus. *Inundar* quer dizer "cobrir, completar, encher abundantemente ou excessivamente". Belial deseja cobrir a terra com imundície e imoralidade. Esta torrente também inclui a perseguição ao ungido do Senhor, Davi.

Belial deseja assassinar e destruir o ungido do Senhor. Ele é um homem forte que ataca ministros e igrejas. Achamos que a palavra *torrente* tem por definição: "efusão, precipitação".

Perdição significa "destruição". Espíritos de *morte e destruição* trabalham com Belial para assaltar os servos de Deus. Já vimos que Jezabel age sob a autoridade de Belial a fim de destruir os verdadeiros servos de Deus. Mentiras, calúnias, sedução, luxúria e orgulho são armas usadas contra o ungido do Senhor.

É importante interceder contra as maldições de Belial. Quando o inimigo chegar como em uma torrente, o Espírito do Senhor levantar-se-á contra ele. O Senhor erguerá uma corrente contra as torrentes de Belial. As orações e intercessões do povo de Deus serão uma corrente contra esta inundação.

LUTANDO CONTRA BELIAL

> *Porém, todos os filhos de Belial serão como espinhos lançados fora, porque não podem ser pegos com mãos; mas o homem que neles tocar deve estar cercado com ferro e com haste de uma lança; e eles serão completamente queimados com fogo no mesmo lugar.*
>
> 2 Samuel 23:6-7

Este versículo compara os "filhos de Belial" a espinhos que não podem ser arrancados. Aqueles que lidam com Belial serão tocados com a "haste de uma lança". Um *espinho* é algo que causa aflição ou irritação. Ser *espinhoso* significa ser cheio de dificuldades ou de atribulações.

Este versículo pronuncia o julgamento a Belial e àqueles que o seguem: "serão completamente queimados com fogo no mesmo lugar". Esta é uma referência à eterna condenação do fogo do inferno. Belial é um espírito que faz com que muitos se percam e passem a eternidade no inferno.

"O homem que neles tocar deve estar cercado com ferro e com haste de uma lança" é uma referência para vestirmos a armadura de Deus. Não podemos lidar com este espírito sem estarmos completamente protegidos pela armadura de Deus.

O Senhor está erguendo intercessores e pregadores para se unirem contra este espírito nos últimos dias. Este é um espírito do Fim dos Tempos, enviado para corromper a terra, mas o Senhor tem um *povo do Fim dos Tempos* para combatê-lo.

Davi teve que lutar e vencer os homens controlados por Belial. Davi é um modelo da igreja do Novo Testamento. Ele é um modelo de profeta da igreja que o Senhor ergueu naquele momento. Assim como Davi venceu, nós também venceremos este espírito do Fim dos Tempos.

Não tocaremos este espírito com mãos naturais. Ele é espinhoso demais. Mas nós devemos e o atacaremos no poder do Espírito Santo, vestindo toda a armadura do Senhor.

ORAÇÕES

SEPARAÇÃO DE BELIAL

Pai, Tu nos instruíste: "Não estejais unidos em jugo desigual com incrédulos, pois que companheirismo tem a justiça com a injustiça? E que comunhão tem a luz com as trevas? E que harmonia há entre Cristo e Belial? Ou que parte tem o crente com o infiel? E que acordo tem o templo de Deus com os ídolos? Porque vós sois o templo do Deus vivo, como Deus disse: Eu habitarei neles e andarei entre eles; e eu serei o seu Deus, e eles serão o meu povo. Portanto, saí do meio deles, e separai-vos, diz o Senhor.

E não toqueis em coisa imunda, e eu vos receberei" (2Co 6:14-17).

Pai, Tu ressaltaste quão importante é guardar nossos corações do mal, dizendo: "Guarda o teu coração com toda a diligência, pois dele provém as questões da vida" (Pv 4:23).

Pai, nos ajude a lembrar da Tua Palavra: "Porque esta é a vontade de Deus, a vossa santificação: Que vos abstenhais da fornicação, que cada um de vós saiba possuir o seu vaso em santificação e honra, não na paixão de concupiscência, como os gentios, que não conhecem a Deus. Porque Deus não nos chamou para a imundícia, mas para a santificação" (1Ts 4:3-5,7).

Pai, nos ajude a guardar nossas almas, recusando-nos a nos unir a qualquer coisa que seja má, pois Tua Palavra nos diz: "Mui amados, rogo-vos, como estrangeiros e peregrinos [neste mundo], que vos abstenhais das concupiscências carnais (seus maus desejos, as paixões da carne, sua baixa natureza), que guerreiam contra a alma" (1Pe 2:11).

GUARDE A SUA ALMA

Pai, me comprometo a Tua Palavra, que diz: "E amarás ao SENHOR teu Deus com todo o teu coração, e com toda a tua alma, e com todas as suas forças" (Dt 6:5).

Senhor, é pelo meu próprio bem que Tu me pedes para amar-Te com todo meu coração e toda minha alma. Pois Tu disseste: "E agora, Israel, o que o SENHOR teu Deus exige de ti, apenas que temas ao SENHOR teu Deus, que andes em todos os seus caminhos, e que o ames, e que sirvas ao SENHOR teu Deus com todo o teu coração e com toda a tua alma, que guardes os mandamentos do SENHOR e os seus estatutos, que te ordeno neste dia, para o teu bem?" (Dt 10:12-13).

Pai, Tua Palavra nos alerta sobre os perigos que podem surgir por causa de profundas amarras da alma. Tu disseste: "Se teu irmão, o filho da tua mãe, ou o teu filho, ou a tua filha, ou a esposa do teu seio, ou o teu amigo, *que é como a tua própria alma*, te seduzir secretamente, dizendo: Vamos e sirvamos outros deuses, que não conheces, nem tu, nem os teus pais; não consentirás com ele, nem lhe darás ouvidos; nem o teu olho terá piedade dele, nem o pouparás, nem o ocultarás; mas certamente o matarás;

a tua mão será a primeira para matá-lo, e depois dela a mão de todo o povo. E o apedrejarás com pedras, para que morra; porque procurou te afastar do SENHOR teu Deus, que te tirou da terra do Egito, da casa de servidão" (Dt 13:6,8-10, grifo do autor).

Senhor, Tu disseste a mim: "Agora, aplicai o vosso coração e a vossa alma a buscar o SENHOR vosso Deus" (1Cr 22:19). Que eu sempre me lembre que se permitir que meu coração se descuide, e associe-se com um infiel, isso poderá me separar de Ti.

Pai, Tu nos avisaste que nossa alma pode ser tomada pela ira, e Tu dizes: "Não faças amizade com um homem raivoso, e não ande com o homem furioso; para que não aprendas seus caminhos, e consigas um laço para a tua alma" (Pv 22:24-25). Guarde-me de entregar minha alma à ira.

Pai, vivemos em um mundo em que muitos perderam a esperança por causa das situações de desespero e da crescente impiedade. Contudo, Tua Palavra ensina como nossas almas podem ser constantemente enchidas com a esperança no futuro. Tu nos dizes em Tua Palavra: "Meu filho, come mel, porque é bom; e o favo de mel é doce ao teu paladar; assim será para a tua alma o conhecimento da sabedoria; quando o tiveres encontrado, então haverá uma recompensa e a tua expectativa não será cortada" (Pv 24:13-14).

Pai, ensina-me a lembrar-me que minha alma deve estar enchida com a sua bondade – e não com coisas deste mundo. Tu nos disseste: "Por que razão gastais dinheiro naquilo que não é pão? E seu trabalho naquilo que não satisfaz? Escutai-me diligentemente e comei aquilo que é bom e permiti que as vossas almas deleitem-se com a gordura" (Is 55:2).

Pai, quando descobrirmos que nossas almas e corações estão cansados e ligados a preocupações e amarras prejudiciais, devemos cumprir o que dizes: "Permanecei-vos nos caminhos, e vede, e perguntai pelas veredas antigas, onde está o bom caminho, e andai nele, e encontrareis repouso para as vossas almas" (Jr 6:16).

Senhor, ensina-me a respeitar os líderes espirituais que Tu colocaste diante de mim, assim como instruíste em Tua Palavra: "Obedecei àqueles que vos governam, e sujeitai-vos a eles; porque eles velam por vossas almas, como aqueles que deverão prestar conta delas; para que o façam com alegria e não com pesar, porque isso não vos seria útil" (Hb 13:17).

IMPIEDADE

Senhor, Teu servo Davi passou por um momento na vida em que sentiu estar afundando em uma torrente de inimigos que tentavam destruí-lo, ainda Tu o resgataste. Eu oro para que Tu me resgates das torrentes de problemas, e eu também louvo a Ti assim como Davi o fez. "E Davi falou ao SENHOR as palavras deste cântico, no dia que o SENHOR o livrou da mão de todos os seus inimigos, e da mão de Saul; e ele disse: O SENHOR é a minha rocha, e a minha fortaleza, e o meu libertador; o Deus da minha rocha; nele confiarei; ele é o meu escudo, e o chifre da minha salvação, a minha torre alta, e o meu refúgio, o meu salvador; tu me salvas da violência. Clamarei ao SENHOR, que é digno de ser louvado; assim serei salvo dos meus inimigos. Quando as ondas da morte me envolveram, as enchentes dos ímpios me fizeram temeroso; as aflições do inferno me cercaram; os laços da morte me impediram; na minha angústia clamei ao SENHOR, e clamei ao meu Deus; e ele, verdadeiramente, ouviu a minha voz desde o seu templo, e o meu clamor verdadeiramente adentrou aos seus ouvidos. E os canais do mar apareceram; as fundações do mundo foram descobertas, diante da repreensão do SENHOR, diante do sopro do fôlego das suas narinas. Ele enviou do alto, ele me pegou; ele me retirou das muitas águas; ele me livrou do meu inimigo forte, e daqueles que me odiavam; porque eles eram demasiadamente fortes para mim. Porquanto, quem é Deus, salvo o SENHOR? E quem é uma rocha, salvo o nosso Deus?" (2Sm 22:1-7, 16-18, 32). Tu és minha fortaleza, e Tu me libertaste.

Pai, quando a torrente do pecado e da impiedade ameaçar minha vida e minha família, clamarei a Ti assim como fez Davi: "A voz do SENHOR está sobre as águas; o Deus da glória troveja; o SENHOR está sobre as muitas águas. A voz do SENHOR é poderosa; a voz do SENHOR é cheia de majestade. O SENHOR se assenta sobre o dilúvio; sim, o SENHOR se assenta como Rei para sempre. O SENHOR dará força ao seu povo; o SENHOR abençoará o seu povo com a paz" (Sl 29:3-4, 10-11).

"Salva-me, ó Deus, pois as águas entraram até a minha alma. Eu afundo em profundo lamaçal, onde não há como ficar em pé; estou em águas profundas, onde as inundações me transbordam. Mas quanto a mim, minha oração é a ti, ó SENHOR, em um tempo aceitável; Ó Deus, na multidão da tua misericórdia, ouve-me, na verdade da tua salvação. Liberta-me do lamaçal, e não me deixes afundar; seja eu liberto daqueles que me odeiam, e tirado das águas profundas. Não deixes a enchente das águas me transbordar, nem deixes que o profundo me engula, e não deixes que a cova feche sua boca sobre mim. Ouve-me, ó SENHOR, pois tua benignidade é boa; volta-te para mim, segundo a multidão das tuas tenras misericórdias." (Sl 69:1-2, 13-16).

Pai, não tenho medo da torrente de injustiça e de impiedade que está se erguendo sobre a nossa nação. Sei que Tu salvarás Teu povo, assim como promete em Tua Palavra: "Tu dividiste o mar pela tua força; tu quebraste as cabeças dos dragões nas águas. Tu quebraste em pedaços as cabeças do leviatã, e o deste para ser alimento do povo que habitava no deserto. Tu fendeste a fonte e a enchente; tu secaste poderosos rios. O dia é teu, a noite também é tua; tu preparaste a luz e o sol. Tende respeito pelo teu pacto, pois os lugares escuros da terra estão cheios das habitações da crueldade. Não deixes que o oprimido retorne envergonhado; que o pobre e o necessitado louvem o teu nome" (Sl 74:13-16, 20-21).

Pai, não temerei a torrente da impiedade em nossa nação, pois Tua Palavra promete: "Conforme os feitos deles, de acordo, ele irá retribuir. Fúria para os seus adversários; recompensa para os seus inimigos; às ilhas ele pagará recompensa. Então, eles temerão o nome do SENHOR desde o oeste, e a glória dele desde o nascer do sol. Quando o inimigo vier a entrar como uma inundação, o Espírito do SENHOR erguerá um estandarte contra ele" (Is 59:18-19).

Senhor, o dia em que Tu trarás uma torrente de piedade e poder chegará, e toda torrente das águas do pecado e da impiedade darão espaço para a glória e para Teu poder. Tua Palavra professa: "E acontecerá que, naquele dia, os montes derramarão vinho novo, e as colinas manarão leite, e todos os rios de Judá estarão cheios de águas; e uma fonte sairá da casa do SENHOR, e regará o vale de Sitim. O Egito será uma desolação, e Edom será um deserto assolado, por causa da violência contra os filhos de Judá, porque derramaram sangue inocente em sua terra. Mas Judá será habitada para sempre, e Jerusalém de geração em geração. Porquanto purificarei o sangue daqueles que eu não tinha purificado; porque o SENHOR habita em Sião" (Jl 3:18-21).

Senhor, quero que minha vida seja construída sobre a forte rocha de Jesus Cristo, para que quando a inun dação da impiedade chegar, eu esteja como o sábio homem que construiu sua casa na rocha: "E desceu a chuva, vieram as inundações, e sopraram os ventos e golpearam contra aquela casa, mas ela não caiu, porque estava fundada sobre a rocha" (Mt 7:25).

EVITANDO A IMPIEDADE

Pai, Tu nos deste os passos a seguir para evitar sermos pegos pela impiedade: "Procura apresentar-te aprovado a Deus, como obreiro que não tem de que se envergonhar, íntegro repartidor da palavra da verdade. Mas foge dos falatórios profanos e vãos, porque eles produzirão maior impiedade" (2Tm 2:15-16).

Senhor, ajude-me a seguir o conselho que o apóstolo Paulo deu a seu jovem ajudante, Timóteo: "Tu, portanto, meu filho, sê forte na graça que há em Cristo Jesus. E as coisas que ouviste de mim entre muitas testemunhas, as mesmas confia a homens fiéis, que sejam capazes de também ensinarem os outros. Tu, portanto, suporta o sofrimento, como um bom soldado de Jesus Cristo. Ninguém que milita se embaraça com os negócios desta vida, a fim de agradar àquele que o escolheu para ser soldado" (2Tm 2:1-4).

Pai, o apóstolo Paulo listou os passos que Tu deste para garantir que Teus seguidores não caiam na impiedade. Louvo a Ti por estas bênçãos (Ef 1:3-14):

1. Bendito seja o Deus e Pai de nosso Senhor Jesus Cristo, que nos abençoou com todas as bênçãos espirituais nas regiões celestiais em Cristo;

2. Ele nos escolheu nele antes da criação do mundo, para sermos santos e irrepreensíveis em Sua presença;

3. Em amor nos predestinou para sermos adotados como filhos por meio de Jesus Cristo, conforme o bom propósito da Sua vontade;

4. Para o louvor da Sua gloriosa graça, a qual nos deu gratuitamente no Amado;

5. Nele temos a redenção por meio de Seu sangue, o perdão dos pecados, de acordo com as riquezas da graça de Deus;

6. A qual ele derramou sobre nós com toda a sabedoria e entendimento;

7. Revelou-nos o mistério da sua vontade, de acordo com o Seu bom propósito que Ele estabeleceu em Cristo; isto é, de fazer convergir em Cristo todas as coisas, celestiais ou terrenas, na dispensação da plenitude dos tempos;

8. Nele fomos também escolhidos, tendo sido predestinados conforme o plano daquele que faz todas as coisas segundo o propósito da Sua vontade, a fim de que nós, os que primeiro esperamos em Cristo, sejamos para o louvor da Sua glória. Nele, quando vocês ouviram e creram na palavra da verdade, o evangelho que os salvou, vocês foram selados com o Espírito Santo da promessa;

9. Ele que é a garantia da nossa herança até a redenção daqueles que pertencem a Deus, para o louvor da sua glória.

Pai, assim como Paulo orou pelos fiéis em Filipenses, oro pelos meus companheiros na fé, para que não caiam na impiedade: "Agradeço ao meu Deus todas as vezes que me lembro de vós. Sempre, em cada oração minha por vós, fazendo súplicas com alegria, pela vossa cooperação no evangelho desde o primeiro dia até agora. Sendo confiante nisto mesmo, que aquele que começou a boa obra em vós a realizará até ao dia de Jesus Cristo. E isto eu oro: que o vosso amor aumente mais e mais em conhecimento e em todo o julgamento. Para que aproveis as coisas excelentes, para que sejais sinceros e sem ofensa alguma até o dia de Cristo, sendo cheios de frutos da justiça, que são por Jesus Cristo, para glória e louvor de Deus " (Fp 1:3-6, 9-11).

Senhor, "abençoado é o homem que não anda no conselho do ímpio, nem fica no caminho dos pecadores, nem assenta na cadeira dos escarnecedores. Mas o seu prazer está na lei do SENHOR, e na sua lei medita de dia e de noite. E ele será como a árvore plantada junto a rios de água, que produz seu fruto em sua estação; sua folha também não murchará; e tudo aquilo que ele faça, prosperará" (Sl 1:1-3).

Capítulo 10

CONSPIRAÇÕES DO MALIGNO CONTRA OS FILHOS DE DEUS

O homem ímpio cava o mal, e nos seus lábios há um fogo ardente.

Provérbios 16:27

A NOVA VERSÃO INTERNACIONAL diz: "O homem sem caráter maquina o mal". A Bíblia King James diz: "O homem ímpio cava o mal". *Cavar* significa "armar uma trama". A *conspiração* é um plano secreto geralmente feito com a finalidade de levar algo ao que é mal ou ilícito.

Belial faz com que o homem planeje e conspire a maldade. Salmos 37:12 diz: "O perverso conspira contra o justo, e range sobre ele com os seus dentes". Há pessoas envolvidas com bruxarias que planejam destruir a igreja. Temos ouvido relatos de bruxaria para acabar com casamentos de líderes cristãos e para dividir a igreja.

É quase difícil de acreditar que atualmente existem pessoas que fazem isso. Acredito nisto porque a Palavra de Deus o afirma. A maioria das pessoas ficaria chocada ao saber os tipos de pecados brutais e as tramas acontecem atrás de portas fechadas.

Salmos 37:32 diz: "O perverso observa o justo, e busca matá-lo". Que lição! Ninguém imagina que a Palavra de Deus nos admoesta a sermos *sóbrios e vigilantes*. Belial influenciará os homens a conspirarem contra a justiça.

AMALDIÇOANDO O UNGIDO DE DEUS

> *E quando o rei Davi chegou a Baurim, eis que de lá saiu um homem da família da casa de Saul, cujo nome era Simei, o filho de Gera; ele saiu, e amaldiçoava ainda enquanto vinha. E ele atirou pedras em Davi, e em todos os servos do rei Davi; e todo o povo e todos os homens valentes estavam à sua direita e à sua esquerda. E assim dizia Simei, enquanto amaldiçoava: Vem para fora, vem para fora tu, homem sanguinário, e tu, homem de Belial.*
>
> 2 Samuel 16:5-7

Simei estava dizendo que Davi era um homem inútil. A Bíblia King James diz: "Vem para fora, vem para fora tu, homem sanguinário". Davi estava fugindo de seu filho rebelde, Absalão, quando encontrou Simei. Simei era da família da casa de Saul, e sem dúvida estava com raiva, pelo fato de Davi ter sucedido Saul como rei. Isto é justamente o que faz o inimigo para acusar o ungido de Deus.

Os fariseus disseram que Jesus expulsava demônios por Belzebu. Eles O acusavam de usar o poder de Satanás para libertar as pessoas. Chamar alguém de "filho de Belial" é chamar a pessoa de inútil, ruim, perversa e vil. Simei acusava Davi de ser um assassino rebelde, responsável pela queda de Saul. Este é outro exemplo de como este espírito atacará e acusará o ungido do Senhor.

> Todavia, Abisai, o filho de Zeruia respondeu e disse: Não será Simei levado à morte por isso, porque amaldiçoou o ungido do SENHOR?
>
> 2 Samuel 19:21

Depois que Davi voltou à sua posição em Jerusalém, Simei veio até ele e se arrependeu do que disse. Abisai queria que ele fosse punido com a morte por ter amaldiçoado o ungido do Senhor. Davi, no entanto, teve misericórdia de Simei e não o puniu com a morte.

Davi estava ciente do juízo que recairia sobre aqueles que tocavam o ungido do Senhor. Ele se recusou a tocar em Saul até mesmo quando sua vida estava em perigo. No caso de Simei, a misericórdia prevaleceu sobre o juízo por causa da sua atitude de *arrependimento*.

Fortes intercessores ajudam a proteger os homens e mulheres de Deus dos ataques de Belial. Uma *maldição* é um trabalho do mal, proclamado contra uma pessoa ou coisa. Palavras ditas contra os servos de Deus são flechas espirituais jogadas pelo inimigo para machucar e destruir. Elas são o que diz a Palavra: "dardos inflamados do maligno" (Ef 6:16).

Davi entendia que, na guerra espiritual, o ungido do Senhor deve encarar os homens amaldiçoados. Davi ora em Salmos 64:2-3: "Esconde-me do conselho secreto dos perversos; da insurreição dos trabalhadores da iniquidade; que afiam a sua língua como uma espada, e curvam os seus arcos para atirar suas flechas, até palavras amargas".

Estas palavras são *ataques de bruxaria* contra os servos do Senhor. São mísseis espirituais direcionados aos ungidos do Senhor. A língua tem poder sobre a vida e sobre a morte (Pv 18:21). Este é um dos métodos que Belial usa para direcionar seu ataque contra os servos de Deus.

ORAÇÕES

CONSPIRAÇÕES DO MALIGNO

Pai, nos caminhos do orgulho e do pecado, o maligno conspira para destruir os justos. Mas Tu prometeste: "Os perversos no seu orgulho perseguem os pobres; que sejam apanhados nos artifícios que imaginaram" (Sl 10:2).

Senhor, as conspirações do maligno continuamente trazem problemas e destruição para Teus filhos. Tua Palavra diz que o homem mal "se assenta nos lugares de espreita das aldeias; nos lugares secretos assassina o inocente; os seus olhos estão secretamente postos sobre o pobre" (Sl 10:8). Senhor, isto descreve os planos do maligno para espalhar entre as pessoas a dor e o pecado do aborto. Mostre a luz de Teus julgamentos àqueles que, em segredo, tentam levar jovens meninas a tomar a decisão de abortar as preciosas vidas que elas carregam. Impeça o crime do aborto, e expulse esta prática maligna de nosso país.

Senhor, Tua Palavra descreve as intenções secretas dos espíritos ímpios de atar o pobre a um estilo de vida de dependência dos outros ao invés de fazê-los terem sua própria independência. Tua Palavra diz: "Ele fica à espreita secretamente como um leão na sua cova; ele fica à espreita para pegar o pobre; quando ele o arrasta para a sua rede. Ele se agacha, e se humilha, para que o pobre caia pelos seus fortes" (Sl 10:9-10). Dai-nos coragem para sermos independentes, autoconfiantes e estarmos dispostos a ser responsáveis por nós mesmos, se possível, ao invés de dependermos dos outros.

Senhor, assim como o escritor de Provérbios, me sinto como se estivesse sendo destruído pelas tramas perversas daqueles que querem me ferir. Mas, como Salomão, minha oração é direcionada a Ti, por Tua grande graça e misericórdia: "Mas eu confiei em ti, ó SENHOR; eu disse: Tu és o meu Deus. Meus tempos estão na tua mão; livra-me da mão de meus inimigos, e daqueles que me perseguem. Faz tua face brilhar sobre o teu servo; salva-me por causa das tuas misericórdias. Não me deixes ser envergonhado, ó SENHOR, porque eu chamei por ti;

que os perversos sejam envergonhados, e que eles fiquem em silêncio no túmulo. Que os lábios mentirosos sejam silenciados; aqueles que falam coisas graves, orgulhosamente e desdenhosamente contra os justos. Ó, quão grande é a tua bondade, que tu guardaste para aqueles que te temem; que tu forjaste para aqueles que confiam em ti, diante dos filhos dos homens! Tu os esconderá no segredo da tua presença, do orgulho do homem; tu os manterás secretamente em um pavilhão da contenda das línguas. Porque eu disse em minha pressa: Eu sou cortado fora de diante dos teus olhos; contudo tu ouviste a voz das minhas súplicas quando clamei a ti. Ó amem ao SENHOR, todos vós seus santos; porque o SENHOR preserva o fiel e abundantemente retribui ao orgulhoso. Sede de boa coragem, e ele fortalecerá vosso coração, todos vós que esperais no SENHOR" (Sl 31:14-24).

A GUERRA DO MAL CONTRA OS FILHOS DE DEUS

Senhor, algumas vezes me sinto como Davi – rodeado pela perversidade e ameaçado pela destruição de minha vida. Davi clamou dizendo: "Muitos touros me cercaram; fortes touros de Basã me envolveram ao redor. Abriram sobre mim suas bocas, como um leão voraz e rugidor. Sou derramado como água, e todos os meus ossos estão fora das juntas; meu coração é como a cera; está derretido no meio de minhas entranhas. Minha força se secou como um caco, e a minha língua se apega à minha mandíbula e tu me trouxeste para o pó da morte. Porque os cães me cercaram; a assembleia dos perversos me fechou; eles perfuraram minhas mãos e meus pés. Posso contar todos os meus ossos; eles veem e fixam o olhar sobre mim. Mas não fiques longe de mim, ó SENHOR" (Sl 22:12-17, 19). "Ó força minha, apressa-te em socorrer-me" (v.19).

Davi sabia que Tu virias para ajudá-lo, Senhor, assim como eu sei. Seguirei o que diz a Tua Palavra: "Descansa no SENHOR, e espera pacientemente por ele; não te indignes por causa daquele que prospera em seu caminho, por causa do homem que faz com que os artifícios aconteçam. Cessa com ira, e abandona a raiva; não te indignes de maneira alguma para fazer o mal. Porque os praticantes do mal serão cortados fora; mas aqueles que esperam no SENHOR herdarão a terra" (Sl 37:7-9).

Pai, Tua Palavra descreve uma pessoa perversa: "Uma pessoa má, um homem malévolo, anda com a boca perversa, ele pisca com seus olhos, fala com os pés e ensina com os dedos; a perversidade está no seu coração, ele maquina coisas ruins continuamente; ele semeia discórdia. Portanto sua calamidade virá repentinamente; subitamente será quebrado, sem reparação. Estas seis coisas o SENHOR odeia; sim, sete são abominações para ele: o olhar orgulhoso, a língua mentirosa, mãos que derramam sangue inocente, o coração que maquina ideias perversas, pés que se apressam a correr para o mal, a testemunha falsa que fala mentiras, e aquele que semeia discórdia entre irmãos" (Pv 6:12-19).

Pai, fortalecerei meu coração pela oração destas palavras de Davi: "Livra-me, ó SENHOR, do homem mau; preserva-me do homem violento. Que imaginam danos em seu coração; continuamente estão reunidos para a guerra. Eles afiaram suas línguas como uma serpente; o veneno das víboras está debaixo dos seus lábios. Selá. Guarda-me, ó SENHOR, das mãos do perverso; preserva-me do homem violento; que se propôs a prejudicar as minhas idas. Os orgulhosos esconderam um laço para mim, e cordas; eles esticaram uma rede ao longo do caminho; prepararam armadilhas para mim. Selá. Eu disse ao SENHOR: Tu és meu Deus; ouve a voz das minhas súplicas, ó SENHOR. Ó Deus, o Senhor, a força da minha salvação, tu cobriste a minha cabeça no dia da batalha. Não concedas os desejos dos perversos, ó SENHOR; não promovas seus artifícios perversos; para que eles não se exaltem. Selá. Quanto à cabeça daqueles que me cercam, cubra-os o dano dos seus próprios lábios. Caiam sobre eles brasas ardentes; sejam lançados ao fogo, em covas profundas, para que eles não se levantem novamente. Não permitas que um maldoso orador se estabeleça na terra; o mal caçará o homem violento para derrubá-lo. Eu sei que o SENHOR manterá a causa do aflito, e o direito do pobre. Certamente o justo dará graças ao teu nome; o reto habitará na tua presença" (Sl 140).

DEUS PROTEGE SEUS UNGIDOS

Pai, até mesmo quando Davi estava sendo perseguido por Saul, ele recusou-se a fazer qualquer coisa que ferisse Saul, que era o Teu rei ungido de Israel. Depois que ele cortou um pedaço do manto de Saul na caverna, ele impediu seus homens de o machucarem, pois ele era um servo ungido de Deus. Eles disseram: "Eis o dia do qual te falou o SENHOR: Eis que entregarei o teu inimigo na tua mão, para que possas fazer com ele como bem te parecer. Então Davi se levantou, e cortou a borda da capa de Saul secretamente. E sucedeu, posteriormente, que o coração de Davi o feriu, porque ele havia cortado a roupa de Saul. E ele disse aos seus homens: Livra-me o SENHOR de fazer isto ao meu senhor, ao ungido do SENHOR, de estender a minha mão contra ele, visto ser ele o ungido do SENHOR. Assim, Davi conteve os seus servos com estas palavras e não tolerou que eles se levantassem contra Saul. Porém, Saul subiu da caverna e seguiu o seu caminho" (1Sm 24:4-7).

Pai, novamente, em outra situação, quando Davi e Abisai estavam diante de Saul enquanto ele dormia, Abisai disse: "Deus entregou o teu inimigo na tua mão neste dia; agora, portanto, deixa-me feri-lo, rogo-te, com a lança até o chão de uma vez, e eu não o ferirei uma segunda vez. E Davi disse a Abisai: Não o destruas; pois quem pode estender a sua mão contra o ungido do SENHOR, e ser inocente? Davi disse ainda mais: Como vive o SENHOR, o SENHOR o ferirá; ou o seu dia de morrer virá; ou ele descerá à batalha e perecerá. O SENHOR me proíba de estender a minha mão contra o ungido do SENHOR; mas, rogo-te, toma agora a lança que está junto ao seu travesseiro, e o cantil de água, e vamo-nos. Assim, Davi tomou a lança e o cantil de água do travesseiro de Saul; e eles os levaram, e nenhum homem viu isso, nem soube disso, tampouco despertou; pois todos eles estavam dormindo; porque um sono profundo da parte do SENHOR havia caído sobre eles" (1Sm 26:8-12). Pai, ajude-me a honrar Teus servos ungidos justamente como Davi honrou a Saul.

Senhor, quando Tu fizeste uma aliança com Abraão, Isaque e Jacó, Tu incluíste este aviso como parte da Sua aliança: "Não toqueis nos meus ungidos, e não façais mal algum aos meus profetas" (1Cr 16:22). Que eu sempre me lembre do valor que colocastes em Teus servos ungidos, e que eu nunca faça ou diga nada que os desonre ou os cause dano.

Senhor, Tua Palavra promete: "Agora sei que o SENHOR salva o seu ungido; ele o ouvirá desde o seu santo céu, com a força salvadora da sua mão direita" (Sl 20:6).

Pai, Davi reconheceu que fora ungido por Ti e que Tu eras a fonte de sua força. Ele O louvou com estas palavras: "O SENHOR é a minha força e o meu escudo; meu coração confiou nele, e eu sou ajudado; portanto, meu coração se regozija grandemente; e com a minha canção eu o louvarei. O SENHOR é a sua força, e ele é a força salvadora dos seus ungidos. Salva o teu povo, e abençoa a tua herança; alimenta-os também, e eleva-os para sempre" (Sl 28:7-9).

CAPÍTULO 11

LIBERTE-SE DAS MALDIÇÕES DE BELIAL

Na verdade eu vos digo: Tudo o que ligardes na terra será ligado no céu, e tudo o que desligardes na terra será desligado no céu.

Mateus 18:18

Sacode-te a ti mesmo do pó. Sobe e assenta-te, ó Jerusalém. Afrouxa por ti mesma os grilhões do teu pescoço, ó cativa filha de Sião.

Isaías 52:2

Esta é uma palavra profética para a igreja, que diz: "Liberte-se!". É um versículo poderoso que retrata a autolibertaçao. Temos poder e autoridade para nos libertar de todos os tipos de escravidão.

A palavra *libertar* significa "separar, livrar, desvincular, desconectar, desencadear, liberar, romper, partir, quebrar, lascar". Também significa "desculpar ou perdoar".

Sião é uma palavra profética e símbolo para a igreja. Isaías professou que Sião seria uma "filha cativa". Esta é uma grande verdade para a condição da igreja hoje. Mesmo que muitos tenham sido salvos e tenham recebido a promessa do Espírito, ainda há muita escravidão refletida na vida dos fiéis.

AUTOLIBERTAÇÃO

A pergunta que sempre é feita a mim é: "Uma pessoa pode libertar-se sozinha de demônios?" Minha resposta é sim. Também é de minha convicção que uma pessoa não consegue livrar-se de demônios até que caminhe nesta dimensão da libertação.

Como uma pessoa pode libertar-se sozinha? Como cristão (esta é uma suposição), uma pessoa tem a mesma autoridade que um fiel que ministra libertação para outro tem. Ela tem autoridade em nome de Jesus, e Jesus prometeu para aqueles que acreditam: "E estes sinais seguirão aos que crerem: Em meu nome expulsarão demônios; falarão novas línguas" (Mc 16:17).

De maneira geral, a pessoa precisa somente aprender a seguir o caminho da autolibertação. Depois de experimentar o início de uma libertação pelas mãos de um ministro experiente, ela pode começar a praticar a autolibertação.*

A boa notícia é que nos foi dada uma promessa profética e um comando para nos libertarmos. Jesus disse a Seus discípulos que "qualquer" coisa que desligarmos na terra será desligada no céu.

---

* Veja Frank Hammond, *Pigs in the Parlor* (Kirkwood, MO: Impact Christian Books, 1973), 57.

Qualquer coisa que esteja amarrando, atormentando ou operando em sua vida contrariamente à vontade de Deus, pode ser liberta da sua vida porque você tem autoridade para fazê-lo.

A extensão das coisas que podem amarrar um cristão é quase ilimitada. Há muitas escravidões que podemos categorizar e que precisam ser expostas e quebradas na vida de todos os fiéis. Uma vez que você identifica o inimigo, você pode avançar para libertar-se de suas garras.

LIBERTE-SE DO PASSADO

Tenho ministrado para muitos cristãos que ainda estão amarrados e sujeitos ao passado. O *passado* pode ser uma corrente que distancia você de aproveitar o presente e ter sucesso no futuro.

Enquanto ministrava a libertação a um jovem rapaz, um espírito forte manifestou-se, gabando-se que o rapaz não se afastaria dele. Eu ordenei ao espírito que se identificasse, e ele respondeu que o nome dele era Passado.

O espírito prosseguiu explicando que o seu trabalho era manter o rapaz preso ao passado, para que ele não sucedesse na caminhada cristã. O rapaz já havia passado por um divórcio, e seu passado continuava a assombrá-lo.

Este encontro revelou-me o fato de que existem muitos espíritos designados para manter as pessoas presas ao seu passado, que deixa cicatrizes e feridas não completamente curadas. Muitas destas feridas infeccionam e tornam-se morada de espíritos imundos. As pessoas precisam ser libertas não apenas dos demônios, mas também de outras pessoas. As amarras do inimigo são os atalhos que os espíritos de controle e manipulação utilizam quando estão agindo sobre suas vítimas desatentas.

ORAÇÃO POR LIVRAMENTO

Pai, em nome de Jesus, eu me liberto de todas os relacionamentos não ordenados por Deus; todas as relações que não são do Espírito, mas da carne; todas as relações baseadas no controle, dominação ou manipulação; e todas as relações baseadas na luxúria e no engano.

Em nome de Jesus, eu liberto todos os membros de meu corpo, incluindo minha mente, memória, olhos, ouvidos, língua, mãos, pés, e todo o meu caráter sexual de toda a luxúria, perversão, impureza sexual, sujeira, lascívia, promiscuidade, pornografia, fornicação, homossexualidade, fantasia, imundície, paixão ardente e incontrolável desejo por sexo.

Eu me liberto dos efeitos de todas as más lembranças, das lembranças de dor e das memórias do passado que me impedem de viver no presente e no futuro.

Eu me liberto de todo envolvimento oculto, toda feitiçaria, divinação, bruxaria, herança psíquica, rebelião, toda confusão, doença, morte e destruição como resultado de algum envolvimento oculto.

Em nome do Senhor Jesus Cristo, pela autoridade a mim concedida para amarrar e soltar, eu liberto minhas emoções de todo espírito maligno que tenha se aproximado em decorrência de experiências do passado. Eu livro a mim mesmo de toda ferida profunda, dor, tristeza, aflição, ódio, amargura, medo e bloqueios emocionais. Eu ordeno que estes espíritos saiam, e decreto liberdade para minhas emoções em nome de Jesus.

Eu livro minha mente de todos os espíritos controladores, confusão, escravidão mental, insanidade, loucura, fantasia, passividade, intelectualismo, bloqueio de conhecimento, ignorância, prisão da mente, luxúria e pensamentos demoníacos. Eu me liberto de toda culpa, vergonha, condenação, autocondenação e legalismo.

Eu liberto minha vontade de todo o controle dominador e manipulação de Satanás, de seus demônios e de outras pessoas. Eu me liberto da luxúria, da rebelião, da teimosia, do orgulho, do egoísmo, e dos espíritos submissos que bloqueiam e impedem minha vontade. Eu quebro e me liberto de todas as correntes em volta da minha vontade e a submeto à vontade de Deus.

Capítulo 12

A SALVO DA MALDIÇÃO DE BELIAL

Mas a vereda dos justos é como a luz da aurora, que vai brilhando mais e mais até ser dia perfeito. O caminho dos ímpios é como a escuridão, eles não sabem em que tropeçam.

Provérbios 4:18-19

Pai, que eu sempre me lembre das lições que Tu ensinaste em Provérbios 10, em que Tu contrastas as bênçãos do justo com as punições do ímpio. Estas são Tuas promessas para os justos – e Teus avisos para o ímpio.

(Nota: faça um compromisso de meditar cada dia do mês uma dessas promessas/punições adaptadas de Provérbios 10).

1. O Senhor não deixa o justo passar fome, mas frustra a ambição dos ímpios;
2. As mãos preguiçosas empobrecem o homem, porém as mãos diligentes lhe trazem riqueza;
3. Aquele que faz a colheita no verão é filho sensato, mas aquele que dorme durante a ceifa é filho que causa vergonha;

4. As bênçãos coroam a cabeça dos justos, mas a boca dos ímpios abriga a violência;
5. A memória deixada pelos justos será uma bênção, mas o nome dos ímpios apodrecerá;
6. Os sábios de coração aceitam mandamentos, mas a boca do insensato o leva à ruína;
7. Quem anda com integridade anda com segurança, mas quem segue veredas tortuosas será descoberto;
8. Aquele que pisca maliciosamente causa tristeza, e a boca do insensato o leva à ruína;
9. A boca do justo é fonte de vida, mas a boca dos ímpios abriga a violência;
10. O ódio provoca dissensão, mas o amor cobre todos os pecados;
11. A sabedoria está nos lábios dos que têm discernimento, mas a vara é para as costas daquele que não tem juízo;
12. Os sábios acumulam conhecimento, mas a boca do insensato é um convite à ruína;
13. A riqueza dos ricos é a sua cidade fortificada, mas a pobreza é a ruína dos pobres;
14. O salário do justo lhe traz vida, mas a renda do ímpio lhe traz castigo;
15. Quem acolhe a disciplina mostra o caminho da vida, mas quem ignora a repreensão desencaminha outros;
16. Quem esconde o ódio tem lábios mentirosos, e quem espalha calúnia é tolo;

17. Quando são muitas as palavras o pecado está presente, mas quem controla a língua é sensato;
18. A língua dos justos é prata escolhida, mas o coração dos ímpios quase não tem valor;
19. As palavras dos justos dão sustento a muitos, mas os insensatos morrem por falta de juízo;
20. A bênção do Senhor traz riqueza, e não inclui dor alguma;
21. O tolo encontra prazer na má conduta, mas o homem cheio de entendimento deleita-se na sabedoria;
22. O que o ímpio teme lhe acontecerá; o que os justos desejam lhes será concedido;
23. Passada a tempestade, o ímpio já não existe, mas o justo permanece firme para sempre;
24. Como o vinagre para os dentes e a fumaça para os olhos, assim é o preguiçoso para aqueles que o enviam;
25. O temor do Senhor prolonga a vida, mas a vida do ímpio é abreviada;
26. O que o justo almeja redunda em alegria, mas as esperanças dos ímpios dão em nada;
27. O caminho do Senhor é o refúgio dos íntegros, mas é a ruína dos que praticam o mal;
28. Os justos jamais serão desarraigados, mas os ímpios pouco duram na Terra;
29. A boca do justo produz sabedoria, mas a língua perversa será extirpada;
30. Os lábios do justo sabem o que é próprio, mas a boca dos ímpios só conhece a perversidade.

Os capítulos remanescentes de Provérbios contêm muito mais destes contrastes entre as bênçãos para os justos e as punições para os ímpios. Como um estudo adicional da Bíblia sobre este contraste entre a justiça e a iniquidade, continue selecionando um destes contrastes por dia e foque-se no versículo, fazendo dele seu tema de oração.

ORAÇÕES QUE ABREM AS COMPORTAS DO CÉU

Promova o Reino de Deus em Seu mundo

Deus tem um plano maravilhoso para Sua igreja. Os profetas anunciaram um tempo no qual salvação, justiça, paz, alegria, regozijo e redenção chegariam ao mundo.

Orações que Abrem as Comportas do Céu é seu livro de referência para promover o reino de Deus aqui e agora. Combinando orações poderosas com decretos tirados das Escrituras, o livro ajuda você a entender o plano de Deus e a manter seu coração e sua mente focados nele. Você irá:

- Ver como o plano de Deus se desvela nas páginas dos Evangelhos
- Se encher de esperança por uma terra plena com justiça de Deus
- Reconhecer como Seu plano demonstra Sua graça e misericórdia, tanto para os gentios quanto para os judeus
- Orar, diligentemente, para que as comportas do céu sejam abertas neste momento

As orações e confissões da Escritura são duas das mais poderosas armas que temos na vida. Ore as palavras de Cristo em Marcos 1:15 ao convidar os outros, pois: "O tempo está cumprido, e o reino de Deus está próximo. Arrependei-vos, e crede no evangelho".